KOKADO & SEWING MACHINE

KOKADO KENTARO

コカドとミシン

コカドケンタロウ

WANIBOOKS

〈はじめに〉
Prologue

43歳から
【趣味ミシン】
になりました。

　ボクは43歳でミシンを始めました。
　この年齢で新しい趣味を始めたというと、何かミシンとの奇跡的な出会いがあったのでは？　と思うかもしれませんが、そうではなく、「夢中になれるもの」を探し求めた結果、ミシンに辿り着いた…という感覚です。
　30代までのボクは趣味と呼べるものが何もなく、「お笑い芸人になりたい」という夢が叶い、毎日充実していたものの、40歳になる時に「もっと人生を豊かに楽しみたい。そのためには何か夢中になれる趣味があった方がいい！」という考えになりました。
　そこから、今まで気になっていたけどやってなかったこと、夢中になれる可能性があることを考え、ゴルフ、ギター、料理、ベランピングなどいろんなことにチャレンジしました。どれも楽しいし、熱中できるし、仕事にも繋がるし、素晴らしい結果が出たと同時に、自分が求めている『夢中』にまでは少し届いてない気がしました。
　それは何故か、一度冷静になり、自問自答を繰り返した結果、これが原因じゃないかという２つのことが浮かび上がりました。
　１つ目は、どこかで仕事に繋がればいいなぁという考え。
　２つ目は、それをやることで他の人にどう思われるのかな、という考え。
　この２つの邪念的考えでした。夢中になるにはお金のこととか他人の目は気にせず、本当に自分の好きなことを純粋にやらないといけないのでは。そう思い、それは何なのか熟考した結果、昔から古着が好き、何かを制作することが好き、友達の服屋さんが店でミシンを踏んでいるのが魅力的だった…などの条件から、「ミシンをやってみよう！」という考えに行きつきました。
　そして、2022年43歳の時に中古のミシンを購入し、初めてフットコントローラーを踏んだ瞬間から今この瞬間まで『夢中』になってミシンをやり続けられています。
　この本は、そんなボクの『夢中』がつめ込まれています。どんな形でもいいので読んでくれた方々の『夢中』のキッカケになれば嬉しいです。

裁縫の基本とかはわからないけど、
「とりあえず、やってみる」でも物はつくれる！

　好きな生地を買って、好きな大きさに裁断して、物を入れられるように縫って、持って移動しやすいように持ち手や肩ヒモをつける。それだけでバッグは完成です。ボクもミシンや裁縫の知識は全くなかったけど、そこから始めました。

　趣味でやるミシンは「ここはこうしないといけない」みたいなことは何もないと思います。やってるうちに「ここをこうしたい」と思い「そのためにはどうすればいいのか？」と考え、いつの間にかうまくなっていたりします。堅苦しいことは考えず、とりあえずやってみましょう。

ボクがつくれるんだから、
みなさんも
この本のぜんぶ、つくれますよ

　この本を見れば、ボクが今までつくってきたバッグや洋服の"キレイな完璧バージョン"がつくれるようになっています。
　というのも、ボクのつくった物は、縫目の幅が一定じゃなかったり、隠さないといけない部分が見えてしまっていたり、とても完璧とは言えません。
　でもボクはその不完全も好きだったりします。
　大量生産のキレイで完璧な物もいいですが、自分で試行錯誤しながらつくった不完全な物の方がボク的には断然愛着が持てたりします。
　失敗も含め成功！　ぐらいの気持ちでもいいんじゃないでしょうか？

コカドの愛用ミシン
Kokado's favorite sewing machine

[JUKI MO1000M]

　布端がほつれないように始末したりする「ロックミシン」。

　職業用ミシンを購入してミシンに夢中になり、もっと色んな物をつくりたい！　と思って2カ月後に購入。つくれる物の幅が広がったし、できあがるスピードも格段に速くなったし、何よりミシン経験者の方々に「え、ロックミシンも持ってるの？　本気なんだね」と認めてもらえるようになった1台。

[JUKI SL-700EX]

　どのミシンを買おうか迷ってた時に友達の服屋さん「CODENAME」に相談したところ、お店でも使ってたJUKIの職業用ミシンがいいよってことでコレにしました。わからないことがあればCODENAMEさんに聞けるし安心だったので。

　すべてがシンプルで使いやすいし、パワーもすごくて何でもつくれるし、ビジュアルもかっこいいし大満足なミシン。

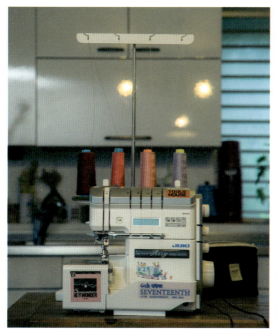
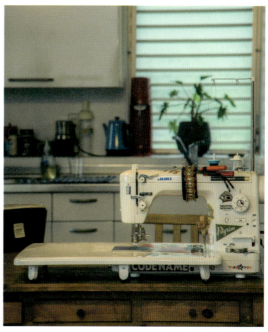

ダイニングテーブルに、ミシン2台とアイロン台をセット。アメリカンな雰囲気はありつつ、レトロでシックなのがお気に入り。

①このピンクッション、実はピンクッションではなく、CODENAMEさんにつくってもらった自転車に乗る時パンツの裾がチェーンで汚れないようにする「裾バンド」。
②KAWAGUCHIの目打ちに転がるのを防ぐためにカプセルトイでゲットしたE.T.の指輪を装着。大好きなE.T.に癒やされながらミシンしてます。
③ミシンを始める何年も前に友達から誕生日プレゼントでもらったドイツDBK社のアイロン。重さもしっかりあるから使いやすいしビジュアルも最高。

コカドとミシン｜もくじ

はじめに 3
コカドの愛用ミシン 6

CHAPTER ①
「ひとクセ小物」と
「SANPOサコッシュ」 11

01 ストックバッグ 12
02 コカド巾着 14
03 3種のドット巾着 16
04 バイカラー巾着サコッシュ 18
05 SANPOサコッシュ 20
06 SANPOサコッシュ蓋つき 22
07 ミニミニバッグ 24

Column　Q&A 26
　ESSAY 28

CHAPTER ②
毎日持ってる「大きめバッグ」 29

08 2Wayエコバッグ 30
09 コカドトートバッグ 32
10 コカドサマーバッグ 34

11 コカドトートバッグBIG Red 36

11' コカドトートバッグBIG Yellow 38

12 花柄SANPOバッグ 40

Column ESSAY 42

CHAPTER ③
基本のコカドパンツ&シャツ 43

13 基本のコカドパンツ 44

14 基本のコカドパンツSIMPLE BLACK 46

15 厚手のコカドパンツ コーデュロイ 48

16 厚手のコカドパンツ ウール 50

17 基本のコカドショートパンツ 52

18 基本のコカドシャツ 53

19 基本のコカドシャツ アロハ 54

20 アロハ柄財布 56

20' 財布フランネルver、ベトナム柄ver 58

CHAPTER ④
コカドケンタロウ ミシン作品集 59

帽子 60

刺繍 61

その他 62

KOKADO & SEWING MACHINE | CONTENTS

コカドとミシン｜もくじ

おわりに 64

つくりかた 65

つくりはじめる前に 66

オススメの始末のしかたPart 1 67

01 ストックバッグ 68

02 コカド巾着 69

03 3種のドット巾着 70

04 バイカラー巾着サコッシュ 71

05 SANPOサコッシュ 72

06 SANPOサコッシュ蓋つき 73

07 ミニミニバッグ 74

08 2Wayエコバッグ 75

09 コカドトートバッグ 76

10 コカドサマーバッグ 78

11&11'
　　コカドトートバッグBIG Red & Yellow ... 79

12 花柄SANPOバッグ 82

オススメの始末のしかたPart 2 84

13-14
　　基本のコカドパンツ&SIMPLE BLACK ... 85

15-16
　　厚手のコカドパンツ コーデュロイ&ウール ... 89

17 基本のコカドショートパンツ 90

18-19
　　基本のコカドシャツ&アロハ 91

20&20'
　　アロハ柄財布&フランネルver、ベトナム柄ver ... 94

KOKADO & SEWING MACHINE｜CONTENTS

CHAPTER 1

「ひとクセ小物」
と
「SANPOサコッシュ」

"Unique Accessories"
and
"SANPO Sacoche"

色・柄・形、甘すぎなくて、
無難すぎない。
「こんなん、あったらええな」を形にした
アイテムをご紹介します。

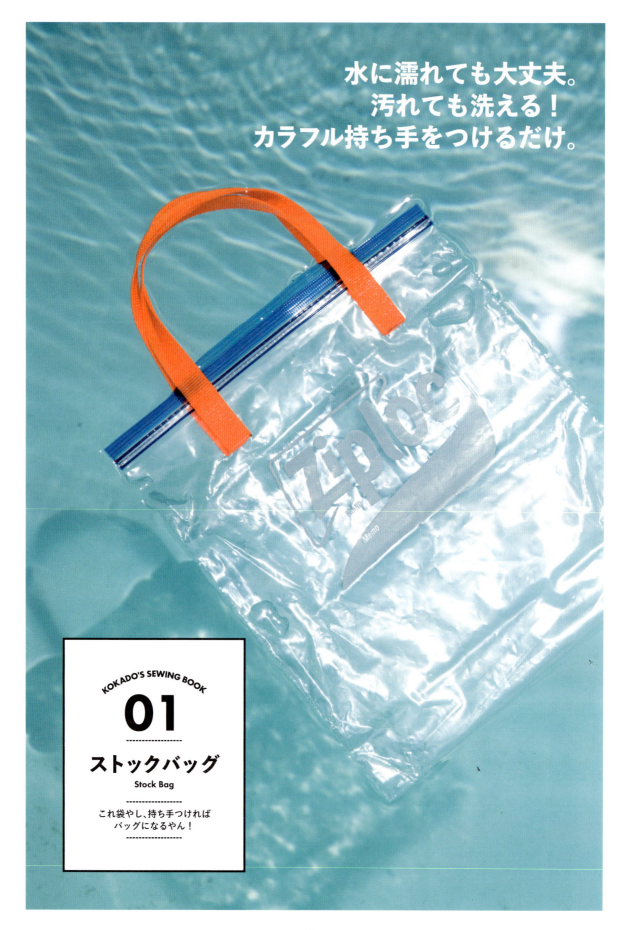

水に濡れても大丈夫。
汚れても洗える！
カラフル持ち手をつけるだけ。

KOKADO'S SEWING BOOK

01

ストックバッグ
Stock Bag

これ袋やし、持ち手つければ
バッグになるやん！

LOTTIスタンプを押したバージョンを、自宅のカーテンレールに吊り下げて"見せる収納"に。

サーフィンに行く時、日焼け止めやボードワックスなどの小物を入れる用にバッグをつくろうと思った時、多少水に濡れても大丈夫な素材…あっ、保存用のジップバッグに持ち手つけるだけでいっか！　で、できたアイテム。

　海で使うから持ち手はポップにネオンカラーで。Instagramに載せたら思いのほか反響があったので、いっぱいつくって、ちょっとした物をプレゼントする時はこれに入れて渡してます。

持ち手を表と裏、1本で繋げるだけでもOK。「これはこれで、かわいいやん」って思って。

KOKADO'S SEWING BOOK
02
コカド巾着
KOKADO Drawstring Bag

巾着の金字塔、
サイズ応用自由自在

**布を楽しむ、
モノづくりの原点。
ボクは、お気に入りの
サーフィン柄で。**

下北沢の生地屋さんで出合ったレトロなサーフィン柄。よく見たら英語のスペルが間違っていたりするから、レトロ風なんじゃなくて、本当に昔からひっそりと売られていた生地なんだろうな〜。

　巾着は用途によって色んな大きさでつくってます。普通に小物を入れる小さいのから、ホットプレートとか家電を収納する大きめのまで。比較的簡単につくれるからプレゼントすることも多いです。
　友達の子供が小学校に持っていく巾着袋をつくったり、芸人の後輩がコントで使う小道具をボロボロのビニール袋に入れてたから、その小道具入れ用につくったり。
　防水の生地で趣味のサウナ用もつくったし、温泉宿で浴衣を着た時に持つ用もつくりました。ライフスタイルに合わせた巾着づくりを楽しんでみてください。

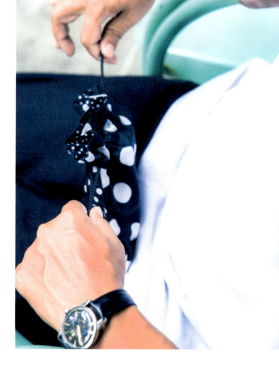

ちらりと見えるドットが違うだけで、エッジが効く。だから水玉でもメンズライクな印象になるのかも。

　ドット柄はよく使うけど、ドット柄が特に好き！　って意識はなく、色々つくるようになって気づけばドット柄を使うことが多いなって気づきました。
　何故だろうって考えたら、ミシンを始める前はずっとコム・デ・ギャルソンのドット柄の財布を大きさを変えながらも使い続けていたので、ボクの生活に馴染んでいたのが理由なのかなと思います。
　ボクはその時の気分によって好きなドットの大きさが変わるので、この巾着ならどんな時でも心地よいです。

KOKADO'S SEWING BOOK
04

バイカラー巾着サコッシュ
Bicolor Drawstring SDrawstring

散歩の相棒、
コンパクトサコッシュ Part1

表はツイード。
裏はフランネル。
黒チェックを
バイカラーに。

もちろん巾着を絞らず使っても いい。歩いたりして中身を落と すのが心配な時だけ絞ると安心。

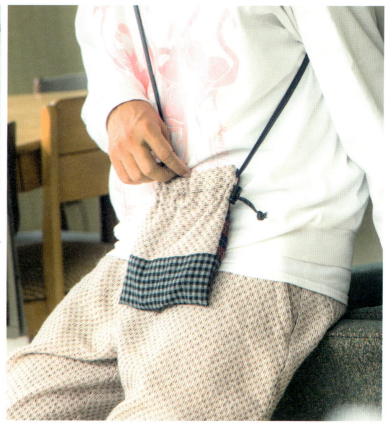

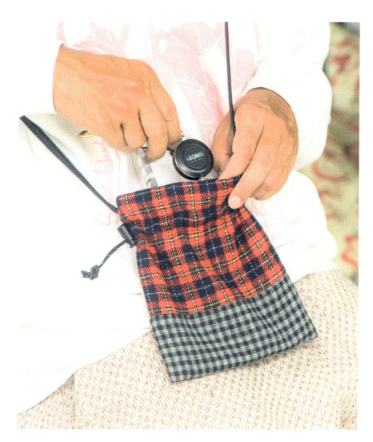

　これは他のアイテムをつくった時のハギレを組み合わせてつくったサコッシュ。

　組み合わせは、たくさんあるハギレの中で一応自分なりにトーンとか質感とか統一性を持たせることが多く、このサコッシュはなんとなく冬っぽい生地で合わせました。

　でも、わざと統一性を持たせない個性もあるから、自分が気持ちいい組み合わせでつくるのがオススメ。

　肩ヒモはハトメに通して取り外し可能にしてるので、外して普通に巾着としても使えます。

KOKADO'S SEWING BOOK
05
SANPO
サコッシュ
Walking Drawstring Bag

散歩の相棒、
コンパクトサコッシュ part2

表はレオパードのフェイクファー。
裏はジャカード柄の細目コーデュロイ。
T×黒パンツに合わせるだけで
アクセントに。

内側が見えやすいデザインだから、3種のドット巾着と同じ小さな水玉に。

　ちょっとそこまで…みたいな時に活躍するサコッシュ。かさばらないので、アウターの中に忍ばせることもできるし、リュックを背負ってる時も便利。

　レオパードって、ギャルやロックンローラー、大阪のおばちゃん、とか強めなイメージがあるので、ポイントになる時もあれば、今日はちょっと違うなって時もあって。そういう時はひっくり返してジャカード柄の方で持ってます。

　ハギレ以外で初めて購入したのがこのジャカード柄の生地。気に入りすぎて、何回か追加で買いに行きました。

蓋にはマジックテープをつけました。裏はキルト、ヒモはフェイクレザーだから丈夫なのもいい。

　生地屋さんに花柄の布はたくさんあるけど、自分の好みに合うコレっていう花柄がなかなか見つからないんですよねぇ。この花柄の生地も一日中色んな地域の色んな生地屋さんを回っても見つからず、最後に行ったお店でやっと出合うことができました。
　このサコッシュは、蓋とマジックテープをつけたので、物が落ちる心配は少ないですね。マジックテープのところはスナップボタンでも上質になっていいかもです。

KOKADO'S SEWING BOOK
07
ミニミニバッグ
Mini Mini Bag

ボクのミシン人生、
記念すべき第1号作品！

極端に小さい。
でも、それがいい。
鍵だけ入れてる
ミニバッグ。

キレイなものがほしかったら、買えばいい。ほつれも、ズレも全部"味"だし、この拙い感じが愛着になる。

ミシンを購入したその日、生地屋さんに行って"ハギレ、袋に詰め放題300円"というの見つけたので買って帰り、そのハギレの中から適当な布を選びセットし、針を落としてフットコントローラーを恐る恐る踏んでみました。
「えっ!?、何これ!?」「楽しい！」
　興奮しながらミシンを踏み続けてたら「なんかつくりたい」という衝動に駆られ、でもハギレしかないのでハギレの中からなんとかバッグになりそうな生地を選び、「ここはこうかな？」となんの知識もないままつくったのがこの小さいバッグです。
　バッグをつくろうと思ってつくったというより、ミシンの動きを確かめてたらできたバッグです。

Q&A

つくる物の アイデアは どこから？

基本的に自分が持っている古着に合わせられる物がつくりたいと思ってるし、学生時代からずーっと古着を着続けてるので、今まで着たり見たりした色んな古着がアイデアのベースになってるのだと思います。

ちなみに、この本では自作のアイテムを自前の古着に合わせて撮影してもらいました。

ミシンとの 出会いは？

代官山にある友達の洋服屋さん「CODE NAME」。昔からこのお店にJUKIの職業用ミシンとロックミシンが置いていて、遊びにいくとよくミシンを踏んでるとこだったりしました。なんとなーく見ていたその風景がミシンとの出会いなのかなぁ？「CODE NAME」にはこの本でも型紙製作を手伝ってもらったり、コカドのミシン活動においていつもお世話になってます。

よく行く お店は？

生地を買うなら、一番はやっぱり量がすごいから日暮里の繊維街に行きますね。後は渋谷のTEXTILE WORLD TOAさん、新宿のオカダヤさん。このページの写真にも写っている下北沢のもめんやまきのさんにもちょくちょく。生地以外の諸々はオカダヤさんユザワヤさん、後は色んな街の小さな手芸屋さんにも結構行きます。番組のロケで行かせてもらったCOTTON FAMILYさんもまた生地を買いに行きたいなぁ。

生地は どう選んでる？

つくりたい物を決めて、それに合う生地を探しにいく時と、何も決めずに生地屋さんに行って、良い生地があればそれで何がつくれるか考える時と2パターンあります。前者は素材先行、後者は柄先行が多いです。柄物はアメリカ古着が好きなので、まずUSAコットンから探すことが多いです。

DATA

[もめんや まきの]
東京都世田谷区北沢2-24-7
営業時間：11時〜19時／定休日：不定

　何か新しい物が完成すると基本はInstagramに投稿することが多いけど、たまにつくりながらライブ配信をする時もあります。ライブ配信の良いところは、ミシン経験者の方々もたくさん視聴してくださるのでつくりかたがわからない時や間違ってる工程があればコメントで優しく教えてくれるところです。

　なので、たくさんの先生と一緒に作品づくりができる、ボクにとってはとてもありがたい時間なんです。その先生方のコメントでミシン初心者の視聴者の方々も勉強になってるみたいだし、みんなでミシンをやってる感じがとても楽しいです。タイミングが合えば是非覗いてみてください。

CHAPTER 2

毎日持ってる「大きめバッグ」

A Big Bag to Carry Every Day

ボクが仕事で使いたいバッグって、
ちょっと大きめがいい。
プライベートは小さめだけど、
泊まりでも使える容量がベスト。
そして、何より軽いこと！ 派手すぎず、地味すぎず。
オーバーサイズが好きな人は、めっちゃいいと思う。

KOKADO'S SEWING BOOK

08

2Wayエコバッグ
2Way Eco Bag

「こんなんあったらええなー」
のまさにそれ。
2wayしかも神サイズ！

手持ちにも肩掛けにもなる。
綾テープは、4本色違いに。

正方形に近い縦形なのが絶妙に使いやすい。トートよりスマートで、エコバッグよりパワーがある。

　この大きさのバッグは一番使ってるかも。仕事に行く時も、コンビニやスーパーにも持っていってます。
　ほぼ重さを感じないくらい軽いので、リュックとか大きめのバッグの時も一応中に忍ばせてます。持ち手の4本はせっかくなんでカラフルにするのがオススメ。4色を自分の好みの組み合わせにするのも楽しいと思いますよ。
　次つくる時は3種のドット巾着みたいにドットの大きさを裏表で変えてみようかな。汚れとかを気にせずカジュアルにガシガシ使ってほしいバッグです。

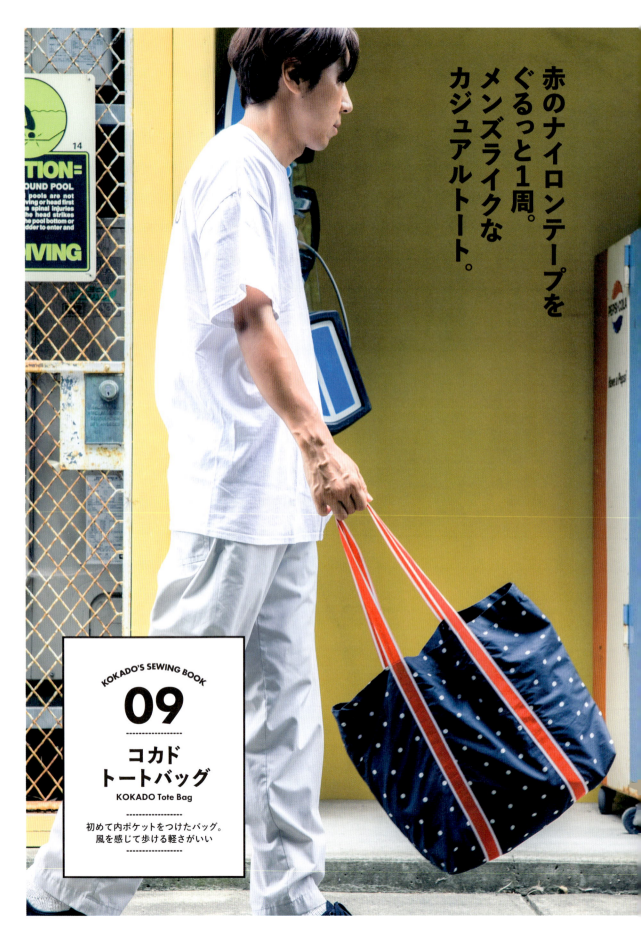

赤のナイロンテープを
ぐるっと1周。
メンズライクな
カジュアルトート。

KOKADO'S SEWING BOOK

09

コカド
トートバッグ
KOKADO Tote Bag

初めて内ポケットをつけたバッグ。
風を感じて歩ける軽さがいい

　持ち手をぐるっとつけることによって、バッグの雰囲気がかなり変わるし、ちょっとぐらい重い荷物でも支えますよ感が出るので、つくるのが簡単なわりにしっかりした印象にもなります。
　持ち手を縫う時に結構長い距離を真っ直ぐダダダダって縫えるのも気持ち良くて好き。いつもより縫う速度が速くなったりしてミシンがうまくなった気にもさせてくれます。

趣味のサーフィンで活躍しているバッグは、子育て世代の公園バッグにもいいかも。

KOKADO'S SEWING BOOK

10

コカド サマーバッグ
KOKADO Summer Bag

サーフィンの相棒！
夏あそびの必需品

着ているタンクトップも実はリメイク作品。お気に入りのTシャツをタンクトップにアレンジしました。サーフパンツもオリジナル。

　夏の海でガンガン使えるバッグがほしくてつくりました。初めは持ち手をもっと蛍光ピンクでつくったけど、ギャル感が強くなってしまったのでちょっと抑えたピンクにしました。持ち手の色でかなり印象が変わるし、PVCも色んな色があるので、組み合わせで自由につくれば楽しいかと。
　もっと小さいのもつくって、お子さんとお揃いにしたり、犬の散歩用バッグにしても可愛いかもですね。子供もいない犬もかっていないボクが言うのもアレですが…。

KOKADO'S SEWING BOOK

11

コカド
トートバッグBIG
Red

KOKADO Big Tote Bag

使い込むほどいい感じになる。
帆布でつくった1代目は
ざっくり蓋なしで収納力抜群

10号の帆布でつくった
赤バージョン。
ジェット機の刺繍をプラス。

荷物がいっぱい入るしっかりした大きめのバッグが欲しくてつくりました。初めて帆布を使用したので頑丈さもあり、横長にしたことで両面で6つのポケットをつけられたので、ペットボトルとか文庫本も入れられてすごく便利です。

ジェット機の刺繍は生まれて初めての刺繍。基本刺繍糸って6本の束から2〜3本取って刺繍するらしいけど、何も調べないで適当にやったから6本のままでやっちゃいました。

でもその繊細さのない荒い感じがなんか気に入って、それからの刺繍もほとんど6本の束のままでやってます。

KOKADO'S SEWING BOOK

11'

コカド トートバッグBIG

Yellow

KOKADO Big Tote Bag

赤バージョンのあとにつくった、
蓋&ファスナーつきの黄色バージョン

p79のつくりかた仕様はYellowをご紹介しています

8号の帆布でつくった2代目は、Red（10号）よりしっかりめ。くたっと感なし。

　10号帆布でつくった初期バージョンを芸人の後輩にプレゼントして、その何カ月か後に「今後の参考のために使ってみての感想をなんでも良いから教えて」って言うと、「ポケットが外側だけだと財布とか入れるのが不安になるので、内ポケットか蓋みたいなのがあればいいですね」の声があったので、内ポケット、ファスナーつきの蓋をつけて、帆布も厚めの8号にしたら、形もくずれないしっかりめのバージョンができました。

　帆布の厚さ、内ポケットあるなし、蓋あるなしを自分の用途、好みに合わせてつくってみてください。

KOKADO'S SEWING BOOK

12

花柄
SANPOバッグ
Flower Pattern Walking Bag

やっと見つけたこだわり花柄生地の
どんな服にも合うゆる系バッグ

本当に毎日使ってるデイリーバッグ。"オトナが持てる花柄"って、どことなくクラシカル。

同じ布で鍵用のフックを追加したのが大正解！ 自動車移動が多いのもあって断然便利。

仕事柄、「たくさん物が入る」ってかなり重要。服と合わせて"しっくりくる大きさ"も気に入ってる。

　蓋つきのSANPOサコッシュと同じ花柄の生地を使った斜めがけのバッグ。元々はこれがつくりたくて花柄の生地を探してました。ボクの荷物の量に丁度合っている大きさで、内ポケットはあった方がいいなと思い、後づけで付け足しました。鍵用フックもついてるので、使いやすく毎日のように持ち歩いてます。
　もっと使い込んでダメージをミシンで修理してるぐらい使用感が出てもかっこ良さそう。写真に写ってる愛車VOLVO240の助手席にポンッと置いてる感じもボク的にしっくりきてます。

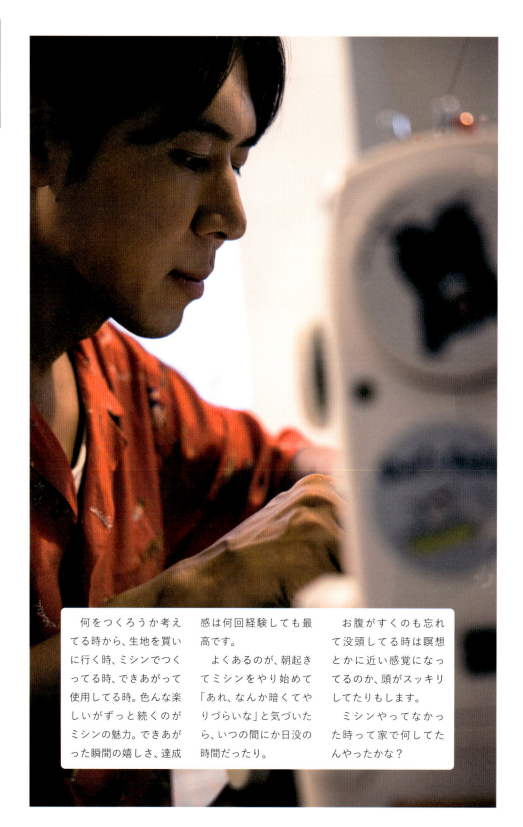

　何をつくろうか考えてる時から、生地を買いに行く時、ミシンでつくってる時、できあがって使用してる時。色んな楽しいがずっと続くのがミシンの魅力。できあがった瞬間の嬉しさ、達成感は何回経験しても最高です。

　よくあるのが、朝起きてミシンをやり始めて「あれ、なんか暗くてやりづらいな」と気づいたら、いつの間にか日没の時間だったり。

　お腹がすくのも忘れて没頭してる時は瞑想とかに近い感覚になってるのか、頭がスッキリしてたりもします。

　ミシンやってなかった時って家で何してたんやったかな？

CHAPTER 3

基本のコカドパンツ
&
シャツ

**Basic KOKADO Pants
&
Shirts**

好きが高じて、洋裁にもチャレンジ中。
自分好みにブラッシュアップした最終系ができあがったので、
ご紹介します。
パンツもシャツも、型紙は1つだけ。
いろんな素材でつくってみました。
型紙も二次元コードでダウンロードできます。

KOKADO'S SEWING BOOK

13

基本の
コカドパンツ
Basic KOKADO Pants

私服は自作でいきたいボクの、
ヘビロテパターン

男子にも女子にも似合うワイドパンツ。
太すぎず、スッキリ見える。
これぞ、王道ベーシック。

　パンツは基本的な型紙を、ちょっとずつ切ったり付け足したりして自分の理想の形に近づけていって、とりあえず今のところ自分の中では完璧なシルエットに仕上がりました。

　股上ちょい深めでテーパードも絞りすぎずほどよく。ゆとりがあるので動きやすいし、ウエストはゴムなので楽ちんパンツです。

　ヒモは結んでもそのまま垂らしてワンポイントにしてもOK。このライトグレーはファスナーなし。綿ポリエステルの薄手素材なので真冬以外は穿いてます。

KOKADO'S SEWING BOOK
14

基本の
コカドパンツ
SIMPLE BLACK

Basic KOKADO Pants（SIMPLE BLACK）

13と同じ形の、黒バージョン。
素材は綿ポリエステル。
ファスナーのありなしは、お好みで

**万能BLACKは、
ヒモだけピンクに。
CHAPTER1のバッグと
コーディネイトしてほしい。**

　このパンツも綿ポリエステルで標準の厚さなので、オールシーズン活躍してくれてます。BLACKなので仕事もプライベートも対応可能。毎日コレでもいいぐらいです。
　番組収録でカチッとしたい時は上にシャツやジャケットを着て、プライベートでカジュアルな時は古着のTシャツとかで。
　ちなみにこの象の古着Tシャツは20年ぐらい前に中岡君からの誕生日プレゼントでもらいました。バックプリントが可愛い。800円だったみたいです。

KOKADO'S SEWING BOOK

15

厚手の
コカドパンツ
コーデュロイ

Thick KOKADO Pants

ファスナーありに挑戦した
コーデュロイ。
素材違いで季節を制覇

白コーデュロイは、デニムとの相性が最強。色味が暗くなりがちな秋冬に頼もしい1本。

　白いパンツは今まであまり穿かなかったけど、このパンツをつくってからめちゃくちゃ穿くようになりました。コーデュロイなので秋冬に穿くことが多いですね。
　ほとんど気づかれたことないけど、閂止めとボタンホールの糸はイエローにして自己満を楽しんでます。
　白なので清潔感が出すぎないように、ゴリゴリのヴィンテージ古着と合わせることが多いです。ボクは何故か清潔感が出すぎると恥ずかしくなっちゃうので。

カジュアルすぎず、張り切りすぎない、自分らしいシルエット。

KOKADO'S SEWING BOOK

16

厚手の
コカドパンツ
ウール

Thick KOKADO Pants

ウール素材は、CHAPTER 1
p18の巾着サコッシュとお揃い

冬は暗めのトーンのアウターが多くなるので、明るめのパンツをつくろうと思って淡いピンクのウール生地を買ってつくってみました。

生地をウールにすることで同じ形のパンツでもキレイにストンと落ちてコットンとは違うシルエットになるんですね。

あとボクは大丈夫だけど、ウールが肌に当たってチクチクする人は膝まで裏地をつけてもいいと思います。ボクもこのパンツをプレゼントでつくったときはそうしました。これもすごく古着に合うので気に入ってます。

基本のコカドパンツの
ショートバージョン。

KOKADO'S SEWING BOOK

17

**基本のコカド
ショートパンツ**
Basic KOKADO Shorts

シャツとセットアップで着ると、
ショートパンツもラフすぎない

初めてつくった洋服がこのショートパンツです。前ポケットのつくりかたがわけわからなすぎて、何回も失敗し、結局CODENAMEさんに駆け込んで教えてもらい、その後の工程はインスタライブで視聴してくれたみなさんに教えてもらいながらなんとか完成しました。

諦めずに完成までたどり着けたことによって色んな経験が積めて、その後のパンツづくりは意外とスムーズにできるようになりました。思い入れの強いアイテムです。

ショートパンツができたのを見て友達から「次はシャツをつくってみたら?」と、ミシンに装着するボタンホーラーを誕生日プレゼントで貰ったので、ショートパンツと同じ生地を再び買いに行ってつくった初めてのシャツ。

初めての衿づくりと袖つけがかなり難しくて苦戦したけど、できあがった時の感動と達成感は忘れられないです。

KOKADO'S SEWING BOOK

18

基本のコカドシャツ
Basic KOKADO Shirts

p44基本のコカドパンツともセットアップで着られます

シャツもパンツも綿ポリエステルで作成。シワになりにくいのがいい。

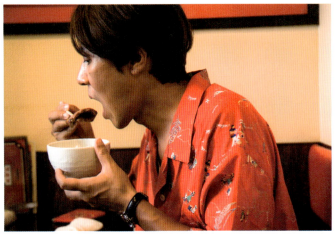

DATA

［城西苑］
東京都世田谷区北沢2-34-8 KMビル 2F
営業時間：月・木・金18時〜24時
　　　　　土・日・祝日17時〜24時
定休日：水

KOKADO'S SEWING BOOK

19

基本の
コカドシャツ
アロハ

Basic KOKADO Aloha Shirts

p53のシャツを
綿レーヨン素材でアロハに。
女性がオーバーサイズで着ても
かっこいい！

いきつけの焼肉屋さんに、
いつものアロハで。
居心地、着心地、ぜんぶいい。

秋頃フラッと覗いた生地屋さんで外に置いてあったワゴンセールの中に、多分夏の売れ残りで2.5mだけビニール袋に入ったこのハワイ柄の生地を見つけて、柄がすごく好きだったので何をつくるとか考えずにとりあえず買って帰りました。

で、次の年の夏に「アロハシャツでもつくりたいなぁ…あっ、そういえば去年の秋に買ったあの生地！」という流れでつくったアロハシャツです。基本的なアロハシャツよりボクの好みの、衿が小さめで裾は短めのボックスシルエットになってます。

KOKADO'S SEWING BOOK

20
アロハ柄財布
Aloha Pattern Wallet

余ったハギレで、
こんなええもんつくれるよー

アロハの残りの生地を
お財布に。
手のひらサイズの
ムダなし設計。

中の仕切りはフェイクレザーに。汚れにくいし、切りっぱなしでいいからつくるのも楽。

　アロハシャツの柄が好きすぎてそのハギレでつくった財布。Instagramに載せると色んな友達や芸人からほしいって連絡が来たので、その後同じ物を何個かつくりました。
　最近は電子マネーかクレジットで支払うことが多く現金をあまり使わないので、これぐらいの財布の大きさがベストですね。ハイブランドの財布より、ボクはこっちの方が落ち着きます。

KOKADO'S SEWING BOOK
20'
財布
フランネルver
ベトナム柄ver
Flannel Wallet Version

芸人仲間にプレゼントしても
喜んでもらえる財布を、
色んな素材で

フランネルの財布は
p18のサコッシュとお揃い。

この形の財布は何かつくった時に出たハギレでつくることがほとんどです。ただ、ベトナム柄の方は、ロケでベトナムに行った時にお土産で買ったミニポーチを気に入って使ってたらボロボロになってファスナーが壊れたりしたので、刺繍の部分の生地だけ使って財布にリメイクしました。こういうのも愛着が湧きますねぇ。いっぱいあるから洋服みたいに季節によって財布も替えて楽しんでます。

CHAPTER 4

コカドケンタロウ
ミシン作品集

Kokado Kentaro Sewing Machine Collectio

「つくる、贈る」を楽しんでいるから、
もう手元にない物もたくさん。
そんな誰かのためにつくった物や、
リメイク作品をご紹介します。

```
KOKADO'S SEWING BOOK

帽子
Cap
-------------------
白いキャップは
ロゴ以外自作です！
-------------------
```

　キャップは他の洋服みたいに、ちょっとサイズ感が違っても着方を工夫すれば大丈夫！　みたいなことがないので難しいですね。ハットもキャップもまだ自分の頭にピッタリ合う物はまだつくれてないかも。

　でも逆にいえば、これからつくってるうちに自分の頭に合うベストサイズさえできれば、後は色んな生地、柄で量産できるので、その日を夢見てつくり続けようと思ってます。

　あと、古着のキャップを自分に合うようにリメイクすることも結構多いです。

KOKADO'S SEWING BOOK

刺繡
Embroidery

仕事の空き時間は
刺繡に当ててます

　ミシンができない移動中とか仕事の空き時間は刺繡に当てたりしてます。

　自分でつくったアイテムに刺繡するのはもちろん、古着のジャケットとかシャツに刺繡を入れることによって「自分の作品」になるので、そのアイテムへの愛着が何倍にもなります。

　ボクが持ってる古着のスーベニアジャケットは、機械を使ったキレイな刺繡が入ってるのじゃなく、手刺繡の下手だけど味のある刺繡ばっかりなので、ボクも刺繡はうまくならずに今の下手くそなままでいいかなと思ってます。

KOKADO & SEWING MACHINE
Other Works

［お母さんへのバッグ］
ミシン始めた瞬間、母親からリクエストされたバッグ。

［ホットプレート入れ］
その名の通り。小さいのはコンセントや小物を入れる用。

［ケルヒャーのホース入れ］
我が家の坪倉に借りたケルヒャーにホース入れがなかったので、つくって返した。

［タンクトップリメイク］
古着のTシャツの袖と襟元をカットして、ニットのバイアステープをつけてリメイク。

［Dogタンク］
友達が飼ってるフレンチブルドッグとティーカッププードルの服。ロックミシンだけで製作。

［スカート］
ギャザー入れをやってみたかったからつくったスカート。一応裏地付けもやってみた。

［坪倉君へのサコッシュ］
ミシンを始めた瞬間に我が家の坪倉から蓋ありサコッシュをリクエストされ製作。

［ガチャベルト］
好みの柄のリボンが売ってたので、これで何かつくりたくてガチャベルトに。

［ワインバッグ］
事務所の社長の誕生日にワインをプレゼントした時につくったバッグ。

［サンダルリメイク］
かわいいステッチ入りのリボンが売ってたのでサンダルに縫いつけ。

［中岡君への結婚指輪ケース］
スナップボタンで指輪をロックするクロシェットタイプ。

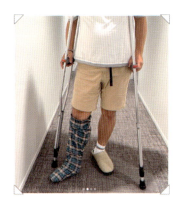
［中岡君の足カバー］
中岡君が足を骨折した時にちょっとでも痛々しさをなくすためのアイテム。

［PCバッグ］
ミシンを始めて丁度1年経った時につくったバッグ。

［あばれる君専用ミトン］
あばれる君が山でサバイバル料理をする時をイメージしてつくったミトン。

［ボアリメイクバッグ］
ユーズドのアリス柄のトートバッグの両端にボアをつけてリメイク。

［小バッグ4つ］
『集まれ！ 内村と○○の会』のロケ用につくったバッグ。

［巾着サコッシュ4種］
『ドーナツトーク』の番組内でMCの4人にプレゼントしたサコッシュ。

［リメイク2Wayバッグ］
ユーズドのバッグをリメイク。後輩のクマムシ佐藤にプレゼント。

KOKADO & SEWING MACHINE
Other Works

〈おわりに〉
Epilogue

　この文書を書いてる今も本当はミシンがやりたいです。
　ミシンを始めたことによって日々がすごく充実してるし、仕事とかに繋がらなくてもいいと思って始めたのに、色んな人に興味を持ってもらい、TV番組で取り上げてもらったり、イベントに呼んでいただき「トーク&ライブソーイングショー」という今まで聞いたことのないショーをやらせてもらったり、服飾専門学校のファッションショーの審査員をやらせてもらったり、そしてこんな贅沢な本まで出させてもらえたり、自分でも想像してなかった広がりにびっくりしてます。

　この本を読んでくださり、ありがとうございます。
　すでにミシンを楽しんでる方はもちろん、ミシンは持ってるけどずっと使ってないな、もう一回やってみようかな！　と思ってもらえたり、ミシンは触ったことないけど始めてみようかな！　なんて思ってもらえたら嬉しいです。もっと言えば、ミシンじゃなくても何か新しいことを始めてみようかな！　と思ってもらえるだけですごく嬉しいです。

　では、ボクは長袖シャツづくりが途中なので、続きをしにいきますね。

コカドケンタロウ

つくりかた
How to make it

CHAPTER1〜3でご紹介した作品のつくりかたをご紹介します。
CHAPTER3の洋服は（財布以外）、
型紙を二次元コードでダウンロードできるようにしました。

この4つは同じ型紙です

⑬ 基本のコカドパンツ
⑭ 基本のコカドパンツ SIMPLE BLACK
⑮ 厚手のコカドパンツ コーデュロイ
⑯ 厚手のコカドパンツ ウール

〈S〜M〉　〈M〜L〉

ボクが穿いているのはM〜L

⑰ 基本のコカドショートパンツ

〈S〜M〉　〈M〜L〉

ちなみに、ボクの身長は175cm

シャツの型紙も同じです

⑱ 基本のコカドシャツ
⑲ 基本のコカドシャツ アロハ

こちらはワンサイズのみ

[型紙について]

- A3サイズでプリントアウトして、ご活用ください。
- プリントする際、「用紙に合わせる」「ちょっと小さめ」など、コピー機の設定にご注意ください。
- どの型紙にも10cmのスケールガイドを記載しています。お手持ちの定規と合わせて、プリントアウトした型紙が正寸かどうか、ご確認ください。
- 型紙は、分割されて印刷されます。合番同士を重ね合わせ、貼り合わせて使います。

※例⇒①と①の〈のりしろ〉グレーの部分を重ね合わせる。

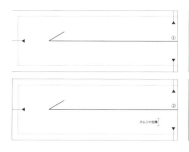

つくりはじめる前に
BEFORE BEGINNING

コカドミシンは「職業用ミシン」と呼ばれる、パワーの強いミシン。
本レシピは一般家庭への普及率が高い
「家庭用ミシン」でもお楽しみいただけるよう
ちょっとしたコツを使いながら進行します。

コカドコメント

ボクはとりあえずつくってみて、わからないことがあれば、つくりかたを見たり教えてもらったりしたよ。
道具も必要最低限のものだけ買って、後々作りながら、こんなんあれば便利やなぁと思ったら調べて揃えたり。
でもボクがそうなだけで、各々自分に向いてるやり方でいいと思う。
ボクだけで、それぞれ自分に向いているやり方で、楽しくできるやり方で！

ボクもサポートするよー

【基本的な道具】

○裁断バサミ：布を裁つハサミ。
○糸切りバサミ：糸を切るハサミ。
○紙切りバサミ：紙を切るハサミ。
　※裁断バサミで紙を切ると刃先が傷む原因となります。
○縫い針/マチ針/ピンクッション：布と布を固定するマチ針は、縫い針とともにピンクッションに刺して手元に置いておきます。
○手芸用クリップ：布と布を固定。
　マチ針を刺せないビニールのような素材や、帆布のような厚みのある素材の固定に便利です。
○目打ち：ミシンで縫うときの布送りや角を出すときに。
○チャコペンシル/手芸用消えるペン：布に印をつける。
○方眼定規 30～50cm / 15cm：長さを測ったり線を引いたり、長短2タイプあると便利です。
○手芸用メジャー：肩紐など長さのあるものを測るときに。
○リッパー：糸を切って縫い目をほどくときに。
○手芸用ボンド：端のほつれ留め、副資材の接着に。
○ゴムヒモ通し：ゴムやヒモを通す。
○文鎮：型紙や布を固定。

【ミシン縫製の基本について】

○縫いはじめ、縫いおわりは2～3針返し縫いをする。
○糸調子を整えるため、使用する布のハギレで試し縫いをする。
　異なる素材同士を縫い合わせるときも同様に。
　例）綿とビニールを縫い合わせる場合、その2つの素材を合わせた形で試し縫いをする。
○縫う方向が変わるときは、ミシン針を生地に刺したまま押さえを上げ、生地の方向を変え、押さえを下げ、縫う。
○ミシン針が通過する前にマチ針などの固定具を取る。
　縫製の歪みや、ミシン針の破損の原因となります。

【布の下準備について】

作品づくりをはじめる前に、生地の余分な糊や汚れを落としたり、布目を揃えたり。少しの手間で仕上がりに差が出てきます。
まずは10cm角にカットした生地を1時間水にひたし、乾かして特性をチェックしてみましょう。

○色落ち：他の素材に色移りしてしまうため、取り扱いを慎重に。
○縮み：浸水後どのくらい縮むか確認のうえ、必要尺の計算を。
○水ジミ：シミができる素材なので、水通しは避ける。

特性をチェックした上で、ここでは簡単な**綿布の地直しのしかた**をお伝えします。アクリルとの混紡などドライアイロンで布目を整える程度で済む地直しもありますので、各素材に適した方法は、購入店にてご確認いただくことをオススメします。

※綿布の例外として、パリッとした糊の質感と劣化する過程そのものを楽しむp79-81「コカドトートバッグBIG」は帆布の地直しをしていません。

【あると便利な道具】

○カッティングボード/ロータリーカッター：布を裁つときにセットで使います。
○アイロン定規：三つ折りや裾上げのアイロンがスムーズに。
○段差パッド4タイプ（手作り）：縫いはじめや段差縫いのとき、押さえを水平にし、送りを安定させる補助小物。

[段差パッドの材料と作り方]
3mm厚（10cmと4cm）、2mm厚（10cmと4cm）と、厚みと長さの異なる4タイプの段差パッドができます。使用する位置と布の厚みに合わせて使い分けます。

[材料]　1mm厚×30mm幅の綿又はナイロンテープ
　　　　30cm / 20cm / 12cm / 8cmを各1本
[作り方]①それぞれのテープ端に手芸用ボンドを薄くつけ、ほつれ留めする。
　　　　②30cmと12cmは三つ折り、20cmと8cmは二つ折りに畳む。
　　　　③それぞれ端から5mmをぐるりと縫う。

①ほつれ留め　②畳む　③端から5mmを縫う
①ほつれ留め

家庭用ミシンでは押さえを水平にするのがコツなんやな

[4cmパッド] 縫いはじめの段差フォロー
押さえ
布やテープ
[10cmパッド] かばんテープやポケットつけなど、縫い進む方向の段差フォロー

ボクはめんどくさがりやから、やるのは縮みそうな生地のときだけ洗濯機で一回洗って外干しするぐらいかな。今後こういうのもやってみてよ。

[綿布の地直しのしかた]
①洗面器又はバケツに水を入れる。
②綿布を蛇腹折りに畳み、①に1時間ほどひたす。
③軽く脱水し、生乾きになるまで陰干しする。
④ツレの原因となる耳をカットする。
⑤当て布をしながら、たて糸とよこ糸が直角になるようウラ面からアイロンをかける。

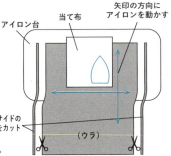

矢印の方向にアイロンを動かす
当て布
アイロン台
両サイドの耳をカット
（ウラ）

66

【レシピ内の記号と用語について】

レシピをすっきり見ていただくため、図内文中に記号や説明のない洋裁用語が出てくることがあります。

[記号]

記号	意味
▷	合印（縫い合わせるときの目印）
▶	合印（辺の中央位置）
◁	アイロン
✂	カット
━●━	マチ針又はクリップ
⬛	目打ち
〜	省略

[洋裁用語]

地直し	生地の歪みを整えること
縫い代	縫い目から布端までの部分
断ち切り	縫い代不要ということほつれのない生地の端
中表	生地同士を合わせるとき、どちらもオモテ面が内側になること
粗ミシン	縫い目の粗いミシン本書では主にしつけとして使用
しつけ	生地同士がズレないよう、本縫い前に粗く縫い留めること
中とじ	表布と裏布が離れないようにウラで縫い合わせること
マチ	袋物などに奥行きを加え、立体的にすること
仮留め	生地同士がズレないよう、本縫い準備のためにする固定
布目	生地を織るときの縦糸の方向
見返し	服端の裏パーツの総称端の始末や補強として使用
カンヌキ留め	負荷のかかりやすい縫い止まりの補強
スレキ	裏地やポケット裏（袋布）に使用する生地

[合印の入れ方 布端]

できあがり線を切らないよう注意！

どちらの切り方でもOK

[合印の入れ方 布端以外]

例）ポケット付け位置

 印を付けたい場所に目打ちで1〜2mm穴を開ける

→ チャコ又は消えるペンで開いた穴から印をつける

【特殊素材の縫い方のコツ】

ビニールやフェイクレザーなど特殊素材が縫いにくい理由は、素材との間に起こる摩擦。ミシン本体、ミシン針、テーブル…、さまざまな所に素材がくっついてしまい、ミシンが進みません。

この接地面との間に起こる摩擦を軽減することで、特殊素材でも気軽に縫うことができます。また、マチ針が使えない場合の代用はクリップで、クリップが使えない場合はマスキングテープで固定します。

方法① テフロン（スムース）押さえに替える。
安価で手に入る専用押さえに替えることで、摩擦は概ね解消します。メーカーにより仕様が異なりますので、購入前に確認を。

方法② 普通押さえの裏全面にメンディングテープを貼る。
まずは家にあるものでトライしたい方にオススメです。

方法③ 薄紙（あればハトロン紙、なければコピー用紙）を素材の下に入れ、一緒に縫う。
縫製後は外しましょう。

方法④ 洋裁用シリコンスプレーやシリコンペンを使う。

方法⑤ 素材との接地面（ミシン本体、テーブルなど）全てに薄紙を敷く。

いくつかの方法組み合わせたら無敵やな

【オススメの始末のしかた Part1】

[バツステッチ]

肩ヒモや持ち手を補強するバツステッチ。本書にもたくさん登場します。
特に決まりはありませんが、①〜⑦の順に縫うことで負荷強めの③⑥部分を2度縫いでき、オススメです。

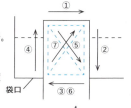

[四つ折りのヒモ]

肩ヒモ、持ち手といろんな場面で応用のきく万能な始末です。
ヒモ端が「見えるとき」と「隠れるとき」で少し始末が変わります。

確かに！ボク、これよく使ってる

① 二つ折りし、アイロンで真ん中に折り線をつける。
② ①を開き、観音折りする。
「見えるとき」：端を1cm折る。
「隠れるとき」：端は折らない。
真ん中に布の厚み×2（目分量）の隙間をあけておくと、仕上がりがキレイになります。
③ ②でつけた折り線にアイロンをかけ、形を整え、ステッチをかける。
中から縫い代が出てしまうときは目打ちで押し入れ、整えながらミシンをかけましょう。

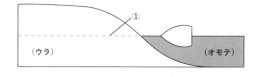

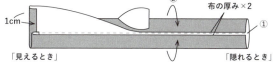

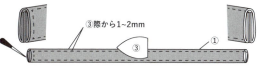

初めてマチ縫って立体になったとき感動したなー

[キレイなマチの縫い方]

平面的だったバッグに奥行きをもたせ、立体的にし、用途を広げるマチ。
ちょっとしたコツでキレイに仕上がります。

例）6cmのマチの場合
手前と奥、どちらの布にも●をつけ、脇の縫い線を中央にして左右に開き、●を結んだ線がマチの縫い線。

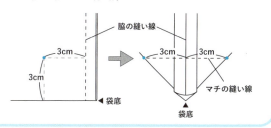

KOKADO'S SEWING BOOK
Recipe No.

01

ストックバッグ
Stock Bag

PHOTO ☞ p12

その発想、思いつきそうで思いつかなかったわー

慣れたら簡単につくれるしね

［材料］

- 保存用袋：お好みの大きさ×1枚
  ※小さすぎると、袋口にミシン針が入り込めなくなるので、縫製前に確認をしてください。
- PPテープ20mm幅：用尺（②図参照）
- ミシン糸：#60　ミシン針：#9〜11
  ※ビニールが縫いにくい場合は、テフロン（スムース）押さえに変えてみましょう。
  詳細はp67［特殊素材の縫い方のコツ］参照。

［縫い方］

① PPテープの両端に手芸用ボンドをつけ、よく乾かし、ほつれ留めをする。
② ①の両端が中央で左右対称になるよう保存用袋に縫いつけて、できあがり。

①
20mm幅　PPテープ

ほつれ留めができていれば、端の始末はどんな方法でもOK

②
(A×2)＋Bグレー部の長さ＝持ち手の長さ
×
必要本数
＝
PPテープの用尺

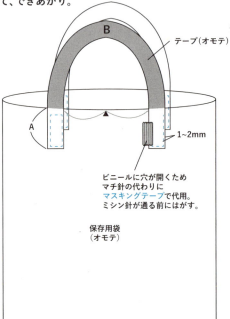

ビニールに穴が開くためマチ針の代わりにマスキングテープで代用。ミシン針が通る前にはがす。

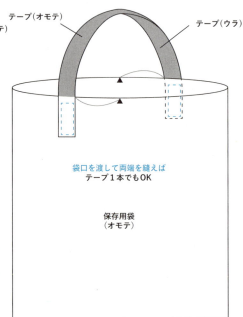

袋口を渡して両端を縫えばテープ1本でもOK

KOKADO'S SEWING BOOK
Recipe No.
02

コカド巾着
KOKADO Drawstring Bag

PHOTO ☞ p14

[材料]
※布は、試し縫い分も含め、少し多めのサイズになっています。
　必要寸法は[裁ち方と寸法]をご参照ください。
- 表布(綿ブロード)：横25cm×縦50cm
- ワックスコード：Φ5mm×100cm(50cm×2本)
- ミシン糸：#60　ミシン針：#9〜11

[裁ち方と寸法]
※縫い代込みのサイズです。
　数字の単位はcmです。
　縫い代は指定以外すべて1cmです。

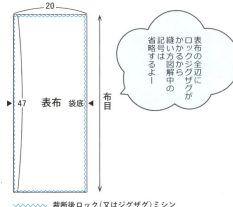

表布の全辺にロックかジグザグがかかるから縫い方図解中の記号は省略するよー

[縫い方]
① 表布を中表に合わせ、ヒモ通し口(4.5cm)を除いた両脇を縫い、縫い代をアイロンで割る。
② ヒモ通し口の縫い代に、縫い止まりまでステッチをかける。
③ 袋口をウラ側に2.5cm折り込む。
④ ヒモ通し線にステッチをかける。
⑤ ヒモ通し口の両側からワックスコードを通して、できあがり。

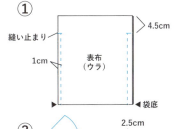
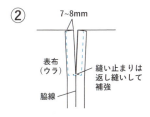
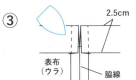
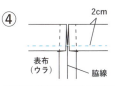
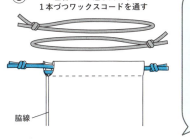

コカドポイント

ボクは「このくらいの大きさの巾着欲しいな」と思ったら型紙はつくらずに直接布を切ってるよ。大体こんなんかなーって縫い代どのくらいつけてどこどこ縫えばいいのかさえ覚えとけば自分の好きな大きさでつくれるよー

[お好みのサイズで巾着をつくりたい場合]

つくりたい巾着　A × B
つくりたい巾着(フリル口)　A × B、C

[布の裁断寸法]
※ヒモ通し口2cmの場合
- 縦＝(A×2)+5
- 横＝B+2

[布の裁断寸法]
※ヒモ通し口2cmの場合
- 縦＝(A×2)+(C×4)+5
- 横＝B+2

フリル口巾着は「縫い方」がちょっと変わるのでお好きな方で

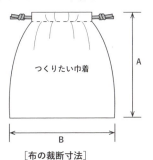

69

KOKADO'S SEWING BOOK
Recipe No. 03

3種のドット巾着
3 types of dot Drawstring Bag

PHOTO ☞ p16

[材料]

※布は、試し縫い分も含め、少し多めのサイズになっています。
　必要実寸は[裁ち方と寸法]をご参照ください。

- 表布A(綿ブロード)：横25cm×縦25cm
- 表布B(綿ブロード)：横25cm×縦25cm
- 裏布(綿ブロード)：横25cm×縦45cm
- ワックスコード：Φ3mm×100cm(50cm×2本)
- ミシン糸：#60　ミシン針：#9~11

[裁ち方と寸法]

※全パーツ縫い代込みのサイズです。
　数字の単位はcmです。
　縫い代は指定以外すべて1cmです。

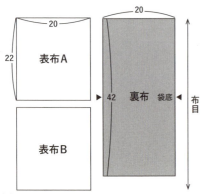

表布はどちらも20×22にカット。

[縫い方]

① 表布Aと表布Bを中表に合わせ、縫い、アイロンで割る。
② ①と裏布を中表に合わせ、上端と下端を縫い、アイロンで割る。
③ ②で縫い合わせた線がピッタリ合うようマチ針で留め、ヒモ通し口(2.5cm)、返し口(7cm)を除く両脇を縫い、アイロンで割る。
④ 返し口から表に返し、返し口を縫い閉じ、形を整える。
⑤ ヒモ通し口に、チャコペンシル又は手芸用消えるペンでステッチ用の案内線を描き、ステッチをかける。
⑥ ヒモ通し口の両側からワックスコードを通して、できあがり。

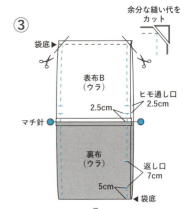

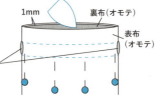

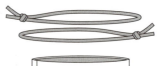

コカドポイント

ハギレは必ず出るから捨ててなかったけど、何かのために取ってる。組み合わせるのも楽しいけど、ハギレがうまく使えたときは嬉しいな

組み合わせに個性が出るなー

KOKADO'S SEWING BOOK
Recipe No. 04

バイカラー巾着サコッシュ
3 types of dot Drawstring Bag

PHOTO ☞ p18

[縫い方]
① 表布A、表布C、表布Bを中表に合わせ、縫い、アイロンで割る。
② ①と裏布を中表に合わせ、上端と下端を縫い、アイロンで割る。
③ ②で縫い合わせた線がピッタリ合うようマチ針で留め、
　ヒモ通し口(2.5cm)、返し口(7cm)を除く両脇を縫い、アイロンで割る。
④ 返し口から表に返し、返し口を縫い閉じ、形を整える。
⑤ ヒモ通し口に、チャコペンシル又は手芸用消えるペンで
　ステッチ用の案内線を描き、ステッチをかける。
⑥ 袋口の両脇にハトメをつけ、レザーテープを通す。
⑦ ヒモ通し口の片側からワックスコードを通し、
　コードストッパーをつけてできあがり。

[材料]
※布は、試し縫い分も含め、少し多めのサイズになっています。
必要実寸は[裁ち方と寸法]をご参照ください。
● 表布A(ウール ツイード)：横25cm×縦20cm
● 表布B(ウール フランネル)：横25cm×縦20cm
● 表布C(ウール フランネル)：横25cm×縦20cm
● 裏布(綿 ブロード)：横25cm×縦45cm
● ワックスコード：Φ3mm×50cm
● コードストッパー：内径5mm×1ヶ
● 片面ハトメ内径8mm(黒ニッケル)：2ヶ
※ハトメには片面、両面など仕様の異なるタイプがあります。取りつける方法も打ち具、パンチとお選びいただけます。使用する素材や環境に合わせてお選びください。
● レザーテープ(ソフト)：10mm幅×130cm
● ミシン糸：#60　ミシン針：#9~11
※表布にウールを使用しているので、絹ミシン糸#50でも大丈夫です。

[裁ち方と寸法]
※全パーツ縫い代込みのサイズです。
数字の単位はcmです。
縫い代は指定以外すべて1cmです。

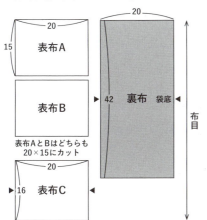
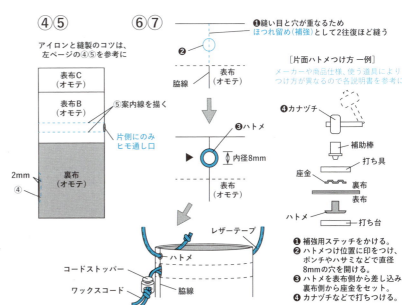

KOKADO'S SEWING BOOK Recipe No.
05
SANPOサコッシュ
Walking Drawstring Bag

PHOTO ☞ p20

[材料]
※布は、試し縫い分も含め、少し多めのサイズになっています。
必要実寸は[裁ち方と寸法]をご参照ください。
- 表布A(フェイクファー 短毛)：横25cm×縦25cm
- 表布B(コーデュロイ 細目)：横25cm×縦25cm
- 裏布(綿ブロード)：横25cm×縦45cm
- レザーコード(ソフト)：Φ5mm×123cm
  ※長さはお好みのサイズ+3cm(縫い代)でご調整ください。
- ミシン糸：#60　ミシン針：#9〜11

[裁ち方と寸法]
※全パーツ縫い代込みのサイズです。
数字の単位はcmです。
縫い代は指定以外すべて1cmです。

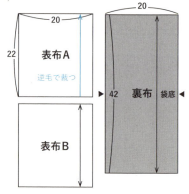

表布はどちらも20×22にカット

[縫い方]
① 表布Aと表布Bを中表に合わせ、縫い、アイロンで割る。
② ①と裏布を中表に合わせ、上端と下端を縫い、アイロンで割る。
③ ②で縫い合わせた線がピッタリ合うようマチ針で留め、レザーコードを挟み、返し口(7cm)を除く両脇を縫い、アイロンで割る。
④ 返し口から表に返し、返し口を縫い閉じ、形を整える。
⑤ 袋口にステッチをかけて、できあがり。

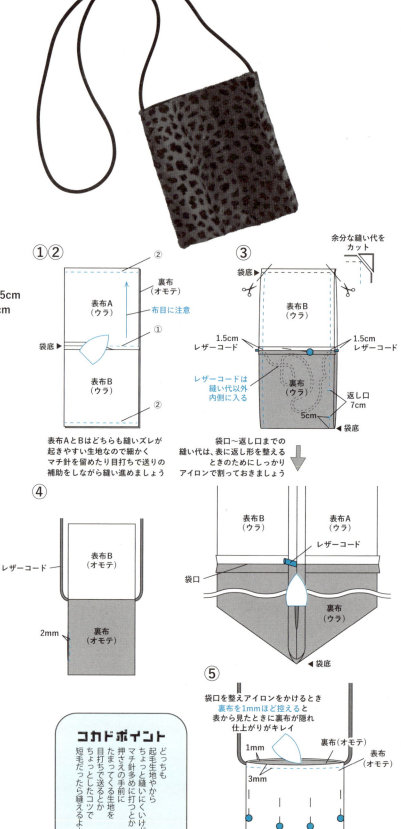

コカドポイント

どっちも起毛生地やからちょっと縫いにくいけど、マチ針多めに打つとか押さえの手前にたまってくる生地を目打ちで送るとかちょっとしたコツで短毛だったら縫えるよー

72

KOKADO'S SEWING BOOK Recipe No. 06

SANPOサコッシュ 蓋つき
Walking Drawstring Bag with lid

PHOTO ☞ p22

坪倉君のリクエストでつくった蓋つきのバージョン

［材料］
※布は、試し縫い分も含め、少し多めのサイズになっています。
必要実寸は［裁ち方と寸法］をご参照ください。

- 表布(綿ブロード)：横25cm×縦60cm
- 裏布(キルト)：横25cm×縦60cm
- レザーテープ(ソフト)：10mm幅×123cm
  ※長さはお好みのサイズ＋3cm(縫い代)でご調整ください。
- 丸型マジックテープ：Φ22mm×1セット
- ミシン糸：#60　ミシン針：#9〜11

［縫い方］
① マジックテープのオスメスをそれぞれの位置に貼る。
② 表蓋と裏蓋を中表に合わせ、返し口を残し縫い合わせる。
③ 表に返し、アイロンで形を整え、ステッチをかける。
④ ③とレザーテープを表布に仮留めする。
⑤ ④と裏布を中表に合わせ、上端と下端を縫い、アイロンで割る。
⑥ ⑤で縫い合わせた線がピッタリ合うようマチ針で留め、返し口(7cm)を除く両脇を縫い、アイロンで割る。
⑦ 返し口から表に返し、返し口を縫い閉じ、形を整える。
⑧ 袋口にステッチをかけて、できあがり。

［裁ち方と寸法］
※全パーツ縫い込みのサイズです。
数字の単位はcmです。
縫い代は指定以外すべて1cmです。

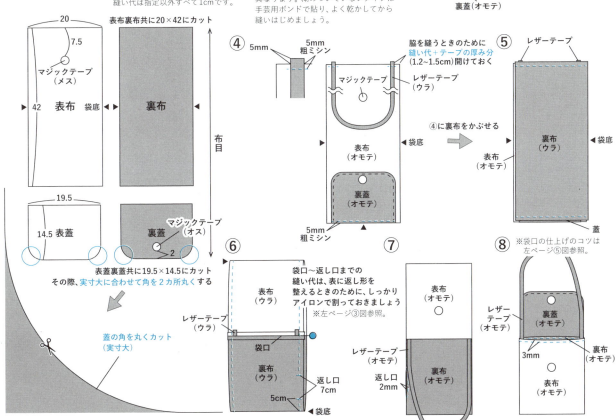

KOKADO'S SEWING BOOK
Recipe No. 07
ミニミニバッグ
Mini Mini Bag

PHOTO ☞ p24

[材料]

※布は、試し縫い分も含め、
少し多めのサイズになっています。
必要実寸は[裁ち方と寸法]をご参照ください。

- 表布(チノクロス)：横25cm×縦35cm
- 持ち手(サテン)：横15cm×縦30cm
- ミシン糸：#60　ミシン針：#9〜11

[裁ち方と寸法]

※全パーツ縫い代込みのサイズです。
数字の単位はcmです。
縫い代は指定以外すべて1cmです。

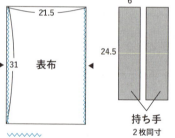

[縫い方]

① 持ち手をつくる。
　p 67【オススメの始末のしかた】[四つ折りのヒモ]
　「見えるとき」参照

② 表布を中表に二つ折りし、両脇を1cm縫い、
　アイロンで割る。

③ 左右の底マチ(6cm)を縫い、縫い代1cm
　残してカット。
　端にロック(又はジグザグ)ミシンをかける。
　p 67【オススメの始末のしかた】[キレイなマチの縫い方]参照

④ 袋口を三つ折りし、ステッチをかける。

⑤ 表に返し、①の持ち手を両側に縫いつけて、できあがり。

コカドポイント

今のボクがやったらこんときみたいに縫われへんけど、何もわからんままつくりたい気持ちだけで縫ってたからなんか勢いあるな。もう二度とつくれへん。マチを縫って初めて立体になったときのうわーって感動が今に続いてる

1号、めっちゃかっこいい思うで。型紙にできへん。レシピつくられへん。ここがコカド君の原点なんやなー

KOKADO'S SEWING BOOK
Recipe No.
08

2Wayエコバッグ
2Way Eco Bag

PHOTO ☞ p30

［材料］

※布は、試し縫い分も含め、少し多めのサイズになっています。
　必要実寸は［裁ち方と寸法］をご参照ください。

- 表布（綿ブロード）：横55cm×縦95cm
- 綾テープ20mm幅：62cm×2色
　38cm×2色
　※色変えしないときは、200cm×1色
- ミシン糸：#60　ミシン針：#9～11

［裁ち方と寸法］

※全パーツ縫い代込みのサイズです。
　数字の単位はcmです。
　縫い代は指定以外すべて1cmです。

［縫い方］

① 表布を中表に合わせ、両脇を縫い、ロック（又はジグザグ）ミシンをかけ、どちらか片側にアイロンで倒す。

② 左右の底マチ（12cm）を縫い、縫い代1cm残してカット。端にロック（又はジグザグ）ミシンをかける。
　p67【オススメの始末のしかた】［キレイなマチの縫い方］参照

③ 袋口をウラ側に2.5cm折り込み、ステッチをかける。

④ 綾テープの下準備をする。

⑤ ④を③にバツステッチでつけ、できあがり。
　p67【オススメの始末のしかた】［バツステッチ］参照

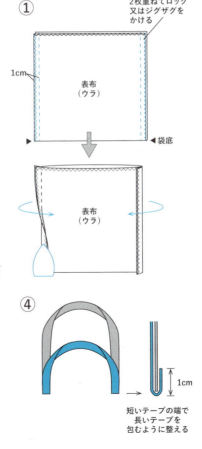

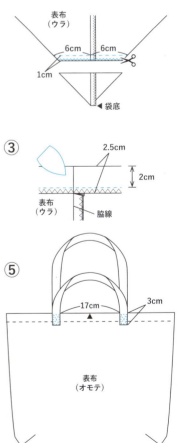

09
コカドトートバッグ
KOKADO Tote Bag

PHOTO ☞ p32

[縫い方]
① 裏ポケットを形づくる。
② ①を裏布に縫いつける。
③ ナイロンテープの両端を中表に合わせ、縫い、輪にする。縫い代はしっかり割っておく。
④ 表布に、テープ位置の案内線をチャコペンシル又は手芸用消えるペンで引く。
⑤ ④に③を縫いつける。
⑥ ナイロンテープの持ち手部分を避けつつ、表布と裏布を中表に合わせ、袋口部分を縫い、縫い代を表布側に倒す。
⑦ ⑥の表布と裏布を縫い合わせた線が、ピッタリ合うようマチ針で留め、返し口(10cm)を除く両脇を縫い、アイロンで割る。
⑧ 表布と裏布の袋底のマチ(14cm)を縫い、必要であれば「中とじ」をする。
p 84【オススメの始末のしかた】[表マチと裏マチの中とじ]参照
⑨ 返し口から表に返し、返し口を縫い閉じ、形を整えながら、表布の中に裏布をしまう。
⑩ 表布が3cm裏側にまわるよう袋口を整え、ナイロンテープを避けてをステッチをかける。
⑪ ⑩のナイロンテープをバツステッチで補強して、できあがり。
p 67【オススメの始末のしかた】[バツステッチ]参照

[材料]
※布は、試し縫い分も含め、少し多めのサイズになっています。必要実寸は[裁ち方と寸法]をご参照ください。
● 表布(綿ポリエステル)：横55cm×縦100cm
● 裏布(綿ポリエステル)：横75cm×縦85cm
● ナイロンテープ：30mm幅×290cm
※290cmのうち、持ち手サイズは実質片側60cmです。
※長さはお好みのサイズ×2本+170cm(表布との重なり+縫い代)でご調整ください。
● ミシン糸：#60　ミシン針：#9〜11

[裁ち方と寸法] ※全パーツ縫い代込みのサイズです。
数字の単位はcmです。
縫い代は指定以外すべて1cmです。

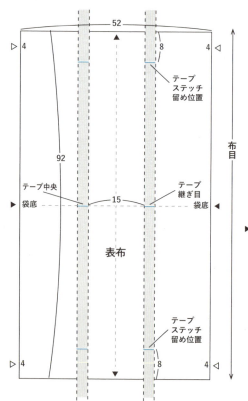

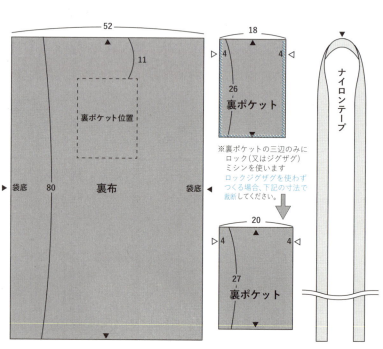

76

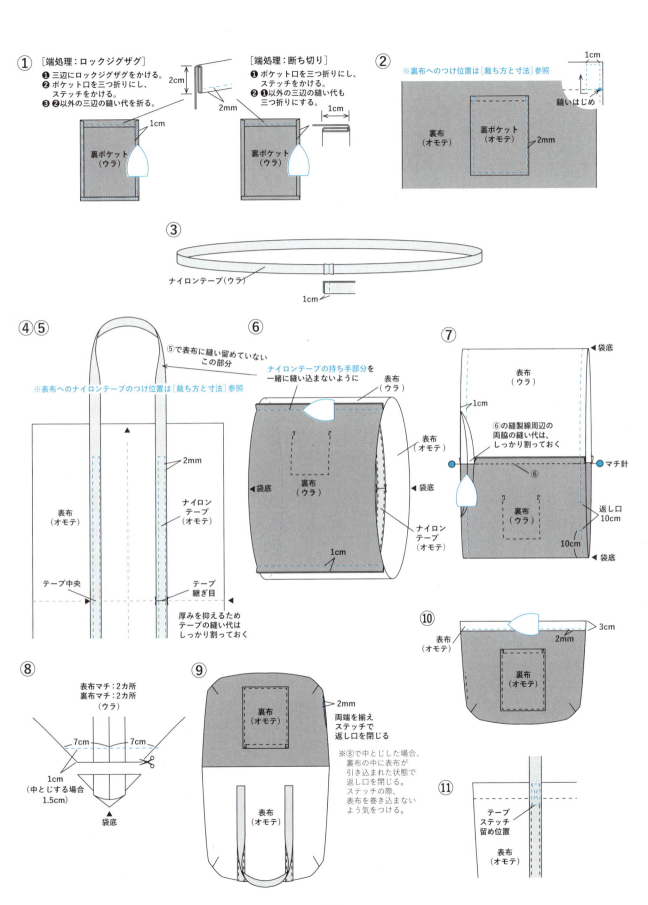

KOKADO'S SEWING BOOK
Recipe No.
10
コカドサマーバッグ
KOKADO Summer Bag
PHOTO ☞ p34

[材料] ※布は、試し縫い分も含め、少し多めのサイズになっています。
必要実寸は[裁ち方と寸法]をご参照ください。

- 表布A(PVC 0.3mm厚)：横55cm×縦90cm
- 表布B(エナメル ほつれ無しの防水加工地)：
  横55cm×縦45cm
- メッシュ(ポリエステル)：横35cm×縦20cm
- ナイロンテープ：20mm幅×216cm(108cm×2本)
  ※持ち手サイズは実質片側60cmです。
  ※長さはお好みの持ち手サイズ×2本＋96cm(表布との重なり)
  でご調整ください。
- ミシン糸：#60　ミシン針：#9〜11
  ※各素材を縫う前に、必ずハギレで試し縫いをし、
  糸調子を整えてから本番に進みましょう。

[縫い方]
① 特殊素材を縫う準備をする。
　p 67【特殊素材の縫い方のコツ】参照
② ポケットに口布を縫いつける。
③ 表布Aに②とナイロンテープを縫いつける。
④ ③と表布Bの袋底を重ね、
　両側にステッチをかける。
⑤ ④を中表に合わせ、両脇を縫う。
⑥ 底マチを縫う。マチが気になるようなら、
　縫い代をカットし、パイピングする。
⑦ 袋口を整え、ステッチをかけ、できあがり。

コカドポイント
裁ちっぱなしの生地はラクチンでいいよー
テフロン押さえ、ほんまに便利。
縫う前の下準備しっかりとけば
特殊素材も全然怖くない

コカド君はサーフィンもするから
サマーバッグは必須やな

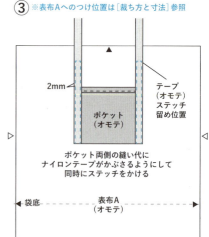

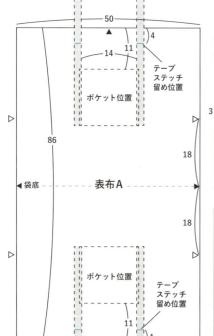

[裁ち方と寸法] ※全パーツ縫い代込みのサイズです。
数字の単位はcmです。
縫い代は指定以外すべて1cmです。

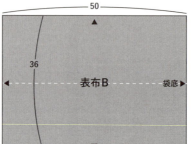

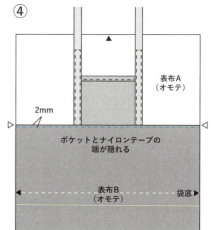

⑤

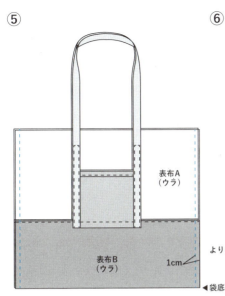

⑥ 表布AB（ウラ）
8cm 8cm
1cm
ほつれない素材なので気にならなければ切りっぱなしでもOK

[バイヤステープを使ったパイピングのしかた]
材料：両折タイプ18mm幅×36cm(18cm×2本)
❶ バイヤステープの両脇を1cm折り、片側を縫いつける。
❷ 縫い代を包むようにテープを裏にまわす。
❸ もう片側をステッチで押さえる。

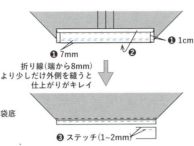

折り線（端から8mm）より少しだけ外側を縫うと仕上がりがキレイ

❸ ステッチ(1〜2mm)

⑦ 2cm / 脇縫い代は割る
表布A（ウラ）
2mm

大きいパーツは平たく置くと邪魔やから、クルクル〜って丸めてやりやすくなるよー試してみて

11&11'
コカドトートバッグBIG
Red / Yellow
KOKADO Big Tote Bag
PHOTO ☞ p38

KOKADO'S SEWING BOOK Recipe No.

[材料] ※布は、試し縫い分も含め、少し多めのサイズになっています。
必要実寸は[裁ち方と寸法]をご参照ください。

● 表布A(帆布)：横70cm×縦90cm
※Redは10号、Yellowは8号の帆布を使用しています。
※パリッとした糊の質感と、劣化する過程そのものを楽しむ目的としているため、ここでの帆布は地直ししていません。

● 表布B(オックス)：横75cm×縦65cm
● カバンテープ(厚み3mm)：30mm幅×265cm
※265cmのうち、持ち手サイズは実質片側54cmです。
※長さはお好みの持ち手サイズ×2本＋157cm（表布との重なり＋縫い代）でご調整ください。

● バイヤステープ(両折り18mm)：160cm(80cm×2にカット)
● ミシン糸：♯30　ミシン針：♯11〜14

[蓋つきにする場合の変更と追加]
● 表布Bの縦を65cm→100cmに変更
● ビスロンオープンファスナー 30mm幅×46cmを追加

※ファスナーが縫いにくい場合はファスナー押さえ、又は2mm押さえに替えてみましょう。

[縫い方]
① 裏ポケットを形づくる。
② ①を表布Aのウラに縫いつける。
③ カバンテープの両端を中表に合わせ、縫い、輪にする。縫い代はしっかり割っておく。
④ 表布Bの袋口側を三つ折りし、ステッチをかける。
⑤ ②と④の袋底と中央を合わせながら重ね、両脇に粗ミシンをかける。
⑥ 袋底に、チャコペンシル又は手芸用消えるペンで案内線を引き、ステッチをかける。
⑦ ⑥にテープ位置の案内線を引き、③を縫いつける。
⑧ ⑦と脇布を中表で縫い合わせる。
⑨ 縫い代を整理し、バイヤステープでパイピングする。
蓋をつけない場合：[縫い方]⑭へ
⑩〜⑬ 口布にファスナーを縫いつける。⇒詳細p81へ
⑭ 袋口を整え、ステッチをかけ、できあがり。
口布ファスナーは、ここで袋口ステッチに縫い込む。

「留め具(上止)の上」から「留め具(下止)の下」＝46cm

p84【オススメの始末のしかた】[ファスナーのサイズ調整]参照

コカドポイント

ミシンによっては8号だと厚すぎて縫いにくい感じになるかもついでに言うと10号でも素材選びとミシンとの相性のいい方がええかも

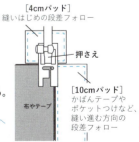

[4cmパッド]
縫いはじめの段差フォロー
押さえ
[10cmパッド]
かばんテープやポケットつけなど、縫い進む方向の段差フォロー
布やテープ

66ページの段差パッドがええ仕事してくれるらしいでー

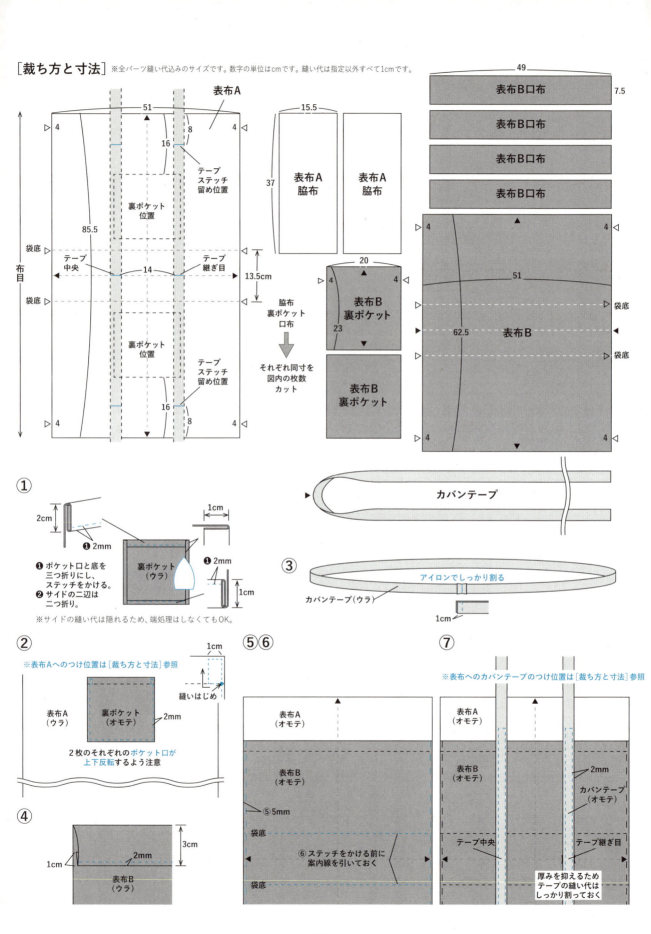

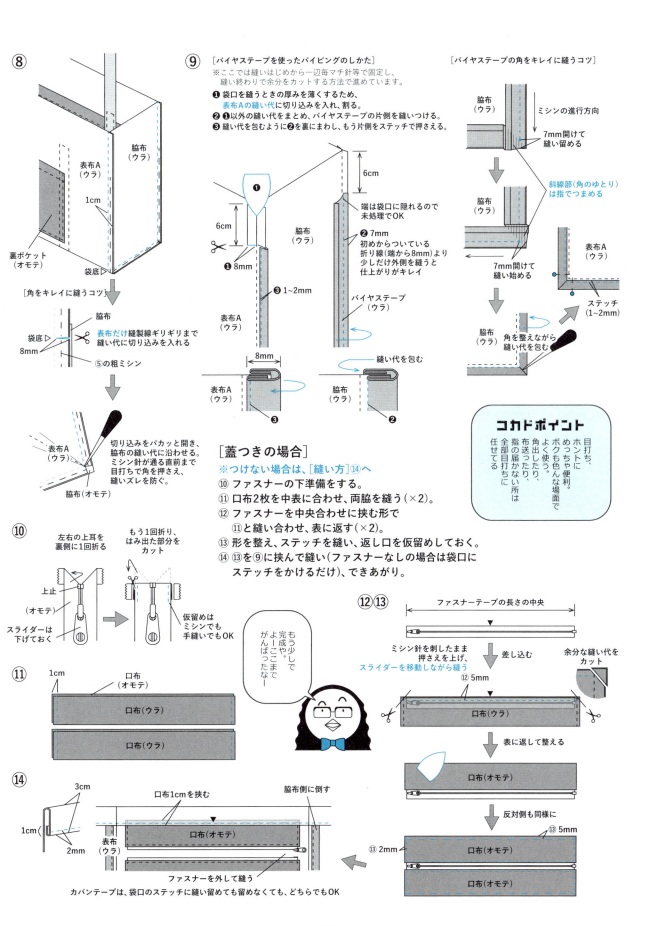

KOKADO'S SEWING BOOK
Recipe No.

12

花柄 SANPOバッグ
Flower Pattern Walking Bag

PHOTO ☞ p40

コカドポイント

花柄生地って世の中にたくさんあんのに「コレ!」っていうの見つけるのがめちゃめちゃ大変で。この花柄、生地屋めっちゃ回ってようやく出合ったよ

ボクには全部同じに見えるけどな…

[縫い方]

① 裏ポケットを形づくる。
② ①を裏布に縫いつける。
③ 表布と裏布を中表に合わせ、袋口側を縫い、縫い代を表布側に倒してアイロンをかける。
④ ③の表布と裏布を縫い合わせた線が、ピッタリ合うようマチ針で留め、返し口(10cm)を除く両脇を縫い、アイロンで割る。
⑤ 表布と裏布の袋底のマチ(10cm)を縫い、必要であれば「中とじ」をする。
  p84【オススメの始末のしかた】[表マチと裏マチの中とじ]参照
⑥ 返し口から表に返し、返し口を縫い閉じ、形を整えながら、表布の中に裏布をしまう。
⑦ 肩ヒモをつくる。
  p67【オススメの始末のしかた】[四つ折りのヒモ]「隠れるとき」参照
⑧ 表布が3cm裏側にまわるよう袋口を整え、肩ヒモを噛ませながらステッチをかける。
⑨ ⑧の肩ヒモをバツステッチで補強して、できあがり。
  p67【オススメの始末のしかた】[バツステッチ]参照

[材料]

※布は、試し縫い分も含め、少し多めのサイズになっています。
  必要実寸は[裁ち方と寸法]をご参照ください。

● 表布(綿ポプリン):横70cm×縦110cm
● 裏布(綿ブロード):横85cm×縦80cm
● ミシン糸:#60 ミシン針:#9~11

[裁ち方と寸法]

※全パーツ縫い込みのサイズです。
  数字の単位はcmです。
  縫い代は指定以外すべて1cmです。

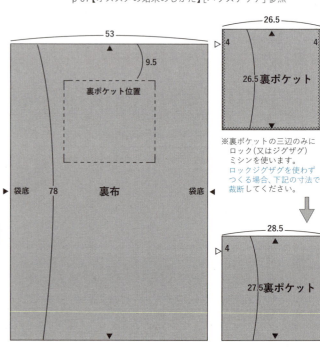

※裏ポケットの三辺のみにロック(又はジグザグ)ミシンを使います。
ロックジグザグを使わずつくる場合、下記の寸法で裁断してください。

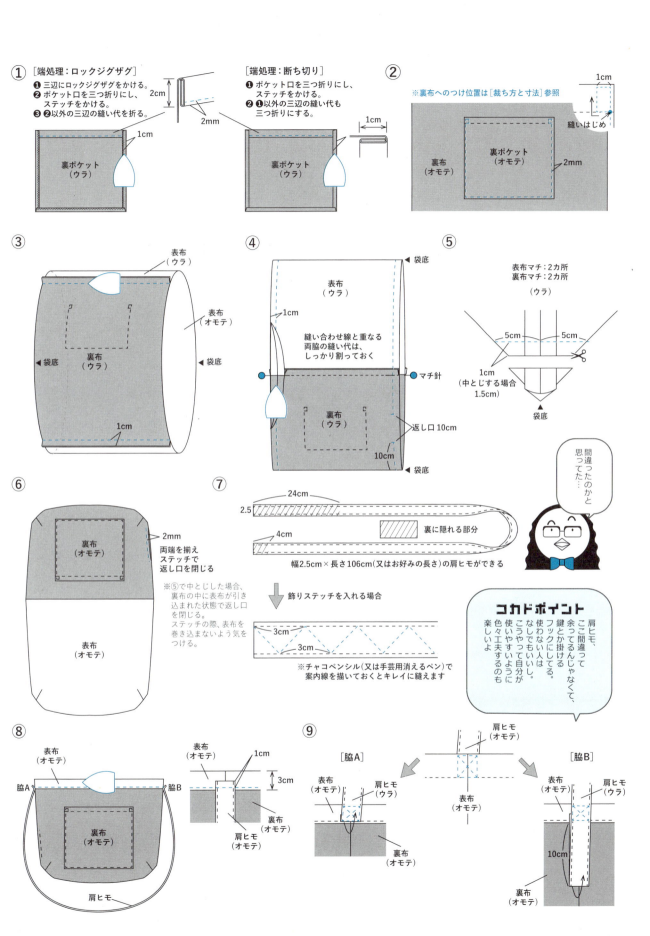

【オススメの始末のしかた Part2】

[表マチと裏マチの中とじ]

裏布つきのとき、袋の中から裏布が飛び出てこないよう、ウラ側で中とじすることをオススメします。中とじのしかたや場所はいくつかありますが、ここではマチの中とじをお伝えします。

[ファスナーのサイズ調整]

ファスナーには用途に合わせた様々な種類があります。欲しいサイズがそのまま手に入ることは少なく、必要な長さに調整が必要です。有料で調整をしていただける販売店もありますが、ここでは本書で使用するビスロンオープンファスナーとメタル(金属)ファスナーの調整のしかたをお伝えします。

[ご注意]
サイズ調整の際外す「留め具とムシ」がどこかへ飛んで行ってしまい、回収できない場合があります。小さなお子さまや動物等誤飲する可能性もありますので十分ご注意ください。販売店でも安価な工賃、短時間で調整していただけますので、作業環境に不安のある方は購入の際、販売店へご相談ください。

○ビスロンオープンファスナー
ファスナーの留め具(上止)とムシを外して、サイズ調整します。

[必要なもの]
留め具：一度カットした留め具は再利用できないので、新しいものを用意
食い切り：留め具やムシをカットする工具
先細ペンチ：テープに張りついたムシを取り除いたり、留め具をつけたり

①必要寸法に印をつけ(調整線)、ムシと留め具を外す。
②新しい留め具(上止)をつけ、余分なテープをカットする。

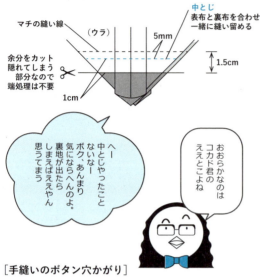

[手縫いのボタン穴かがり]

ボタンホール機能がない場合、お近くのお直し店などでも請け負っていただけますが、手縫いもオススメです。ハギレで試し縫いをしてから、挑戦してみましょう。

※生地のウラに補強のための接着芯を貼っておく。
　本書では、ボタン穴位置にあらかじめ接着芯が貼られているため、そのままでOK。

①ボタン穴サイズに印をつけ、ほつれ留めステッチをかける。
②リッパーやハサミで、中央に切り込みを入れる。
③穴かがりの芯となる糸(穴糸又はボタンつけ糸　太さ#20)を渡す。
④ぐるっと一周穴かがりをする。

○メタル(金属)ファスナー
ファスナーの留め具(上止)とムシを外して、サイズ調整します。
必要なもの、作業工程、共にビスロンオープンファスナーと同じですが、メタル素材の方が固く、コツが必要です。

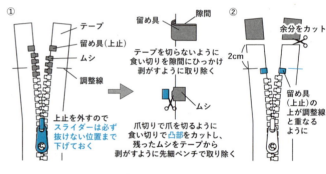

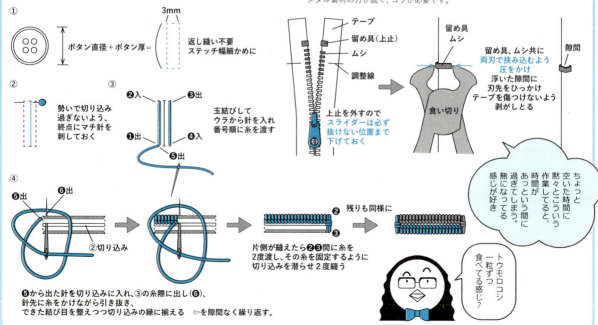

84

KOKADO'S SEWING BOOK Recipe No. 13-14
基本のコカドパンツ
Basic KOKADO Pants

PHOTO ☞ p44

[材料]

※布は、試し縫い分も含め、少し多めのサイズになっています。
裁断方法はp86[裁ち方と寸法]をご参照ください。

- 表布(綿ポリエステル):
  (耳を除く)110cm幅×230cm
- 接着芯(普通地用):横50cm×縦60cm
- スレキ:横80cm×縦60cm
- メタル(金属)ファスナー:27mm幅×16cm

※前あきファスナーの有無はお好みで
「留め具(上止)の上」から「留め具(下止)の下」=16cm

p84【オススメの始末のしかた】[ファスナーのサイズ調整]参照

- ウエストゴム:30mm幅×76cm
  ※長さはお好みのサイズ+2cm(縫い代)でご調整ください。
- 平ヒモ:10mm幅×130cm
- (お好みで平ヒモ用)コードストッパー:内径5mm×1ヶ
- ミシン糸:#60 ミシン針:#9~11

[できあがり寸法]
本書[材料]はM-Lサイズ用です。作り方は両サイズ共通です。

サイズ	M-L:コカドサイズ	S-M
ウエスト	104cm(ゴム74cm)	100cm(ゴム66cm)
ヒップ	116cm	112cm
股上	24.5+4(ベルト幅)cm	23.5+4(ベルト幅)cm
股下	71cm	69cm

[裁ち方と寸法]⇒p86へ

[縫い方]
※合印の名称、布目等詳細は、実物大型紙をご確認ください。

① 裏パッチポケットを形づくり、後パンツにダブルステッチで縫いつける。
② 腰ポケット袋布に、向こう布と口布を縫いつける。
③ ②を中央で外表に合わせ、底を縫い、アイロンで形を整え、裏返し、もう一度底にステッチをかける。
④ 表パンツと③を中表に合わせ、ポケット口を縫い、袋布をウラ側へまわしアイロンで整え、ダブルステッチをかける。
⑤ ④の形を整え、カンヌキ留めで向こう布と縫い留める。
⑥ 前パンツと後パンツを中表に合わせ、脇を縫い、全ての縫い代をまとめてロック又はジグザグミシン(以下ロックジグザグ)をかけ、後パンツ側へ片返し、ステッチをかける。
⑦ ⑥を中表に合わせたまま、股下を縫い、縫い代をまとめてロックジグザグをかけ、後パンツ側へ片返す。
⑧ ⑦の股まわりにロックジグザグをかける。
⑨ ⑧で筒状になった左右のパンツを中表に合わせ、股まわりを縫い、アイロンで割る。

ファスナー有:後パンツ上端からあき止まりまで
　　　　　　　　　股まわりを縫う ⇒[縫い方]⑩へ
ファスナー無:端から端まで股まわりを縫う ⇒[縫い方]⑳へ

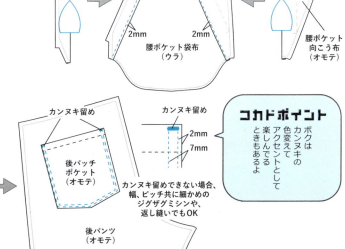

① 後パッチポケット(ウラ)／後パッチポケット裏(オモテ)／後パッチポケット(オモテ)／2cm／1cm／2mm／1cm／後パッチポケット裏(オモテ)

❶ ポケットとポケット裏を外表に重ねる。
❷ ポケット裏の上端を包むように
　 ポケット口を三つ折りし、ステッチをかける。
❸ ❷以外の四辺にロックジグザグをかける。
❹ ❸をできあがり線に折る。

85

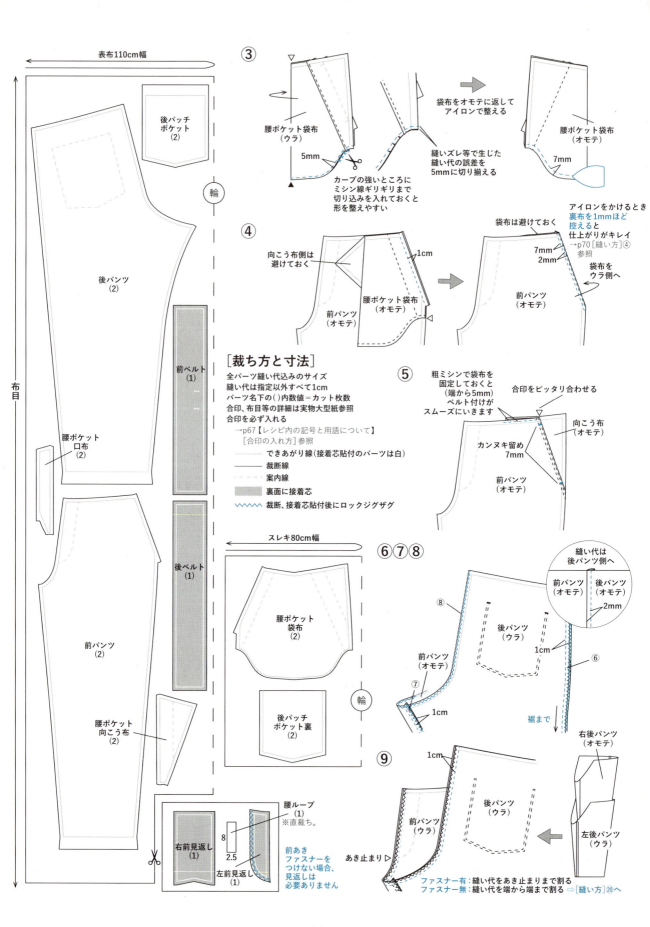

●ここから前あきファスナーつけ●

⑩ 左前パンツと左前見返しを中表に合わせ、端から8mmを縫い、見返しを開いてステッチをかける。
このとき縫い代はすべて見返し側に倒しておく。

⑪ ⑩の見返しを2mm控えつつ、アイロンでウラ側へ折る。

⑫ 右前見返しを中央で中表に合わせ、底を縫い、表に返して形を整え、端にロックジグザグをかける。

⑬ ⑫にファスナーを仮留めする。
※ファスナーが縫いにくい場合は、ファスナー押さえ、又は2mm押さえに替えてみましょう。

⑭ 右前パンツの縫い代をアイロンで7mm幅に折り、折り線をつける。

⑮ ⑭に⑬を縫いつける。

⑯ 左右の前中心をできあがりに合わせ、あき止まりまでしつけをする。
このとき左前パンツが右前パンツに3mm重なり、ファスナーは中に隠れる。

⑰ ファスナーと左前見返しのみ重ねてしつけをかけ、縫う。
このとき右前見返しを一緒に縫わないよう注意する。

⑱ 左前パンツの見返し押さえステッチ位置に、チャコペンシル又は手芸用消えるペンで案内線を引き、ステッチをかける。
このときも、右前見返しを一緒に縫わないよう注意する。
※押さえを普通押さえに戻しましょう。

⑲ ⑱で避けていた右前見返しを合わせ、カンヌキ留めをする。

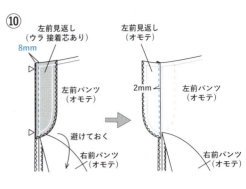

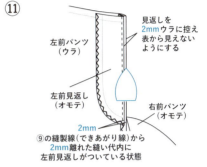

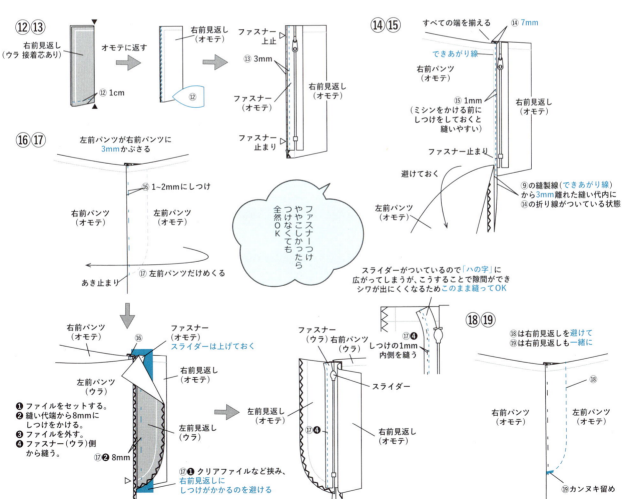

⑳ 前ベルトに平ヒモ通し用のネムリ穴(ボタンホールでもOK)を開ける。
　p84【オススメの始末のしかた】[手縫いのボタン穴かがり]参照
㉑ 前ベルトと後ベルトを中表に合わせ、
　ゴム通し口(3cm)を除く両脇を縫い、アイロンで縫い代を割る。
㉒ ゴム通し口に補強用ステッチをかけ、
　後ベルトの端を1cmアイロンで折っておく。
㉓ 腰ループを形づくる。
㉔ ⑲と㉒を中表に合わせ、㉓を挟みながら縫い、
　アイロンで縫い代をベルト側へ片返す。
㉕ ベルト端にステッチをかける。
㉖ 裾をできあがりに合わせステッチをかけ、ゴムと平ヒモを通して、できあがり。

コカドポイント

そうそう ボクは普通のボタンホールだけど負荷のかかるところは手縫いで補強したで。こういうのもまたアクセントとして楽しみたいやん

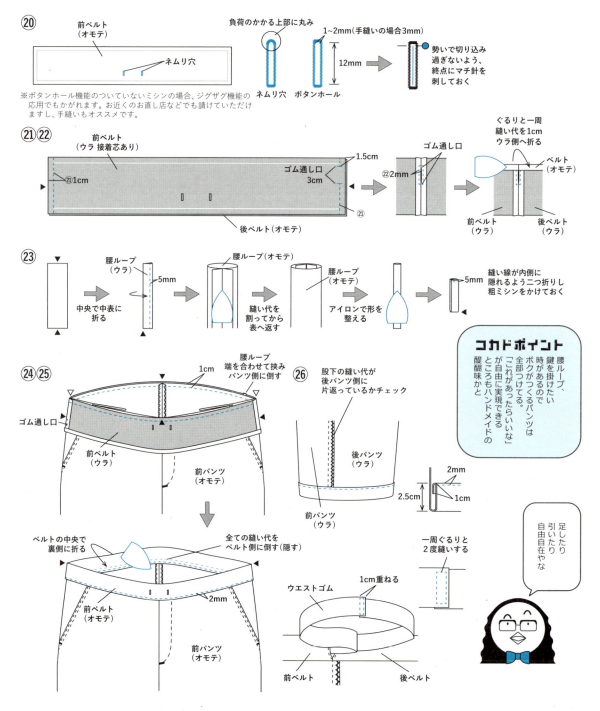

コカドポイント

腰ループ、鍵を掛けたい時があるのでボクがつくるパンツは全部つけてる。「これがあったらいいな」が自由に実現できるところもハンドメイドの醍醐味かと

足したり引いたり自由自在やな

15-16
厚手のコカドパンツ
Thick KOKADO pants
PHOTO ☞ p48

[材料]
- ミシン糸：#30　ミシン針：#11~14

※ウールの場合は、絹ミシン糸#50でも大丈夫です。
※生地厚1mm程度の厚手を想定しています。
　それ以上の厚みですと、全ての縫い代に修正が生じ、
　寸法、縫い方共に誤差が大きくなるため、本書では
　割愛させていただきます。

[裁ち方と寸法]
右前パンツと右前見返し以外、
基本のコカドパンツと同じ。

[縫い方]
基本のコカドパンツ[縫い方]⑨まで同じ

⑩ 左前パンツと左前見返しを中表に合わせ、
　端から6mmを縫い、見返しを開いて
　ステッチをかける。
　このとき縫い代はすべて見返し側に
　倒しておく。

⑪ ⑩の見返しを2~3mm（生地厚による誤差）
　控えつつ、アイロンでウラ側へ折る。

⑫ 右前見返しを中央で中表に合わせ、
　底を縫い、表に返して形を整え、
　端にロックジグザグをかける。

⑬ ⑫にファスナーを仮留めする。
　※ファスナーが縫いにくい場合はファスナー押さえ、
　　又は2mm押さえに替えてみましょう。

⑭ 右前パンツの縫い代をアイロンで
　1cm幅に折り、折り線をつける。

⑮ ⑭に⑬を縫いつける。

⑯ 左右の前中心をできあがりに合わせ、
　あき止まりまでしつけをする。
　このとき左前パンツが右前パンツに
　3~4mm（生地厚による誤差）重なり、
　ファスナーは中に隠れる。

基本のコカドパンツ[縫い方]⑰へ

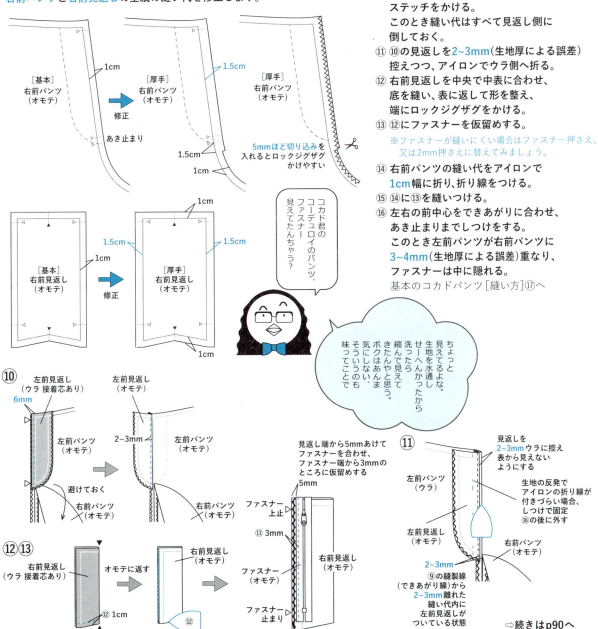

⇒続きはp90へ

⑭⑮

すべての端を揃える　⑭1cm　⑯

できあがり線

右前パンツ（オモテ）

⑮2mm（ミシンをかける前にしつけをしておくと縫いやすい）

右前見返し（オモテ）

左前パンツが右前パンツに3〜4mmかぶさる

⑯1〜2mmにしつけ

右前パンツ（オモテ）　左前パンツ（オモテ）

ファスナー止まり

避けておく

左前パンツ（オモテ）

⑨の縫製線（できあがり線）から3〜4mm離れた縫い代内に⑭の折り線がついている状態

あき止まり

⑪でしつけをした場合⑯の後に外す

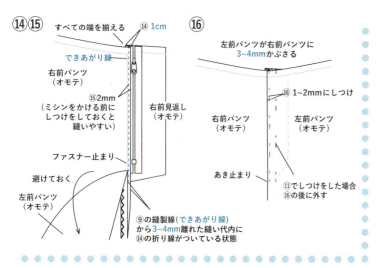

［できあがり寸法］

本書［材料］はM-Lサイズ用です。作り方は両サイズ共通です。

サイズ	M-L：コカドサイズ	S-M
ウエスト	104cm（ゴム74cm）	100cm（ゴム66cm）
ヒップ	116cm	112cm
股上	24.5+4（ベルト幅）cm	23.5+4（ベルト幅）cm
股下	18cm	17.5cm

KOKADO'S SEWING BOOK
Recipe No.

17

基本のコカドショートパンツ

Basic Kokado shorts

PHOTO ☞ p52

［裁ち方と寸法］

全パーツ縫い代込みのサイズ。縫い代は指定以外すべて1cm。
パーツ名下の（ ）内数値＝カット枚数。合印、布目等詳細は実物大型紙参照。
合印を必ず入れる。
→p67【レシピ内の記号と用語について】［合印の入れ方］参照

- ── できあがり線（接着芯貼付のパーツは白）
- ── 裁断線
- ── 案内線
- ▨ 裏面に接着芯
- 〰 裁断、接着芯貼付後にロックジグザグ

［材料］

※布は、試し縫い分も含め、少し多めのサイズになっています。
裁断方法は［裁ち方と寸法］をご参照ください。

- ●表布（綿ポリエステル）：（耳を除く）110cm幅×180cm
- ●接着芯（普通地用）：横50cm×縦60cm
- ●スレキ：横80cm×縦60cm
- ●ウエストゴム：30mm幅×76cm
  ※お好みのサイズ＋2cm（縫い代）でご調整ください
- ●平ヒモ：10mm幅×130cm
- ●ミシン糸：#60　ミシン針：#9〜11

［縫い方］

※合印の名称等詳細は、実物大型紙をご確認ください。
パンツ丈以外は「基本のコカドパンツ」と同様です。

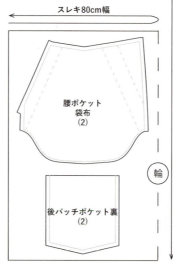

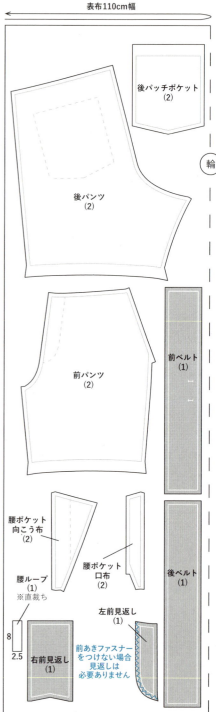

KOKADO'S SEWING BOOK Recipe No.

18-19

基本のコカドシャツ
[アロハ]

Basic KOKADO Shirts : ALOHA

PHOTO ☞ p54

［材料］

※布は、試し縫い分も含め、少し多めのサイズになっています。
裁断方法はp93［裁ち方と寸法］をご参照ください。
※p53の18を作る場合は綿ポリエステルをご使用ください。

- 表布(綿レーヨン※アロハ)：
  (耳を除く)110cm幅×240cm
- 接着芯(普通地用)：横70cm×縦80cm
- ボタン：φ13mm×4ヶ
- ミシン糸：#60　ミシン針：#9

［できあがり寸法］

着丈	69.5cm
肩幅	56cm
胸まわり	128cm
袖丈	27cm

［裁ち方と寸法］⇒p93へ

［縫い方］※合印の名称等詳細は、実物大型紙をご確認ください。

① 左胸パッチポケットを形づくる。
② 左右前身頃に①を縫いつける。
③ 前身頃の見返し端をアイロンで折り、ステッチをかけ、上端にロックジグザグをかける。
④ 後身頃を後ヨークAと後ヨークBで挟むように合わせ、縫い、縫い代をまとめて後ヨーク側へ片返し、ステッチをかける。
⑤ 前身頃と後ヨークAを中表に合わせ、縫い、縫い代を後ヨーク側へ片返す。後ヨークBの縫い代をできあがりに折る。
⑥ ⑤に後ヨークBを重ね、マチ針又はしつけで固定。表に返しステッチをかける。
⑦ ⑥と袖を中表に合わせ、縫い、縫い代をまとめてロックジグザグをかけ、身頃側へ片返し、ステッチをかける。
⑧ 前身頃と後身頃を中表に合わせ、袖下と脇を縫い、縫い代をまとめてロックジグザグをかけ、後身頃側へ片返す。
⑨ 上衿と地衿を中表に合わせ、縫い、アイロンで整え、表に返す。
⑩ 上衿の縫い代(後ヨークポイントの合印)に切り込みを入れ、ウラ側へ折る。
⑪ ⑩を⑧と縫い合わせる。
⑫ 前身頃を前端で折って中表に合わせ、裾を始末する。
⑬ 身頃の裾、袖口をそれぞれできあがりに合わせ、ステッチをかける。
⑭ ボタンホール(縦横どちら方向でもOK)を開け、ボタンをつけてできあがり。

p84【オススメの始末のしかた】［手縫いのボタン穴かがり］参照

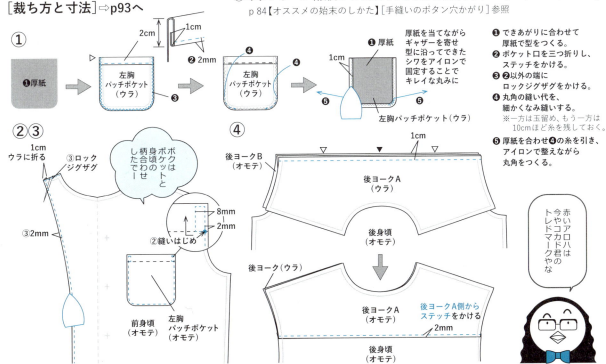

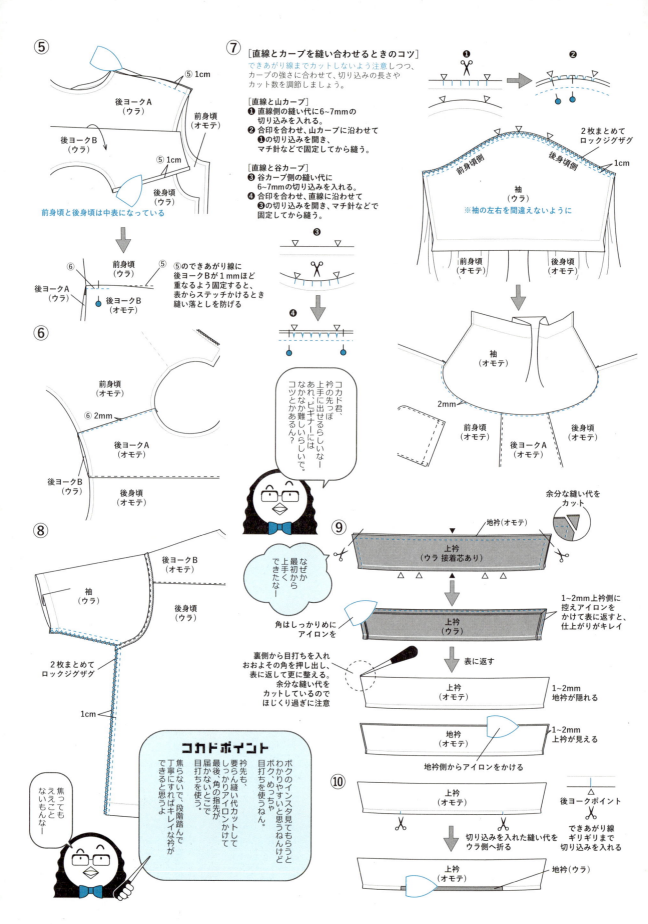

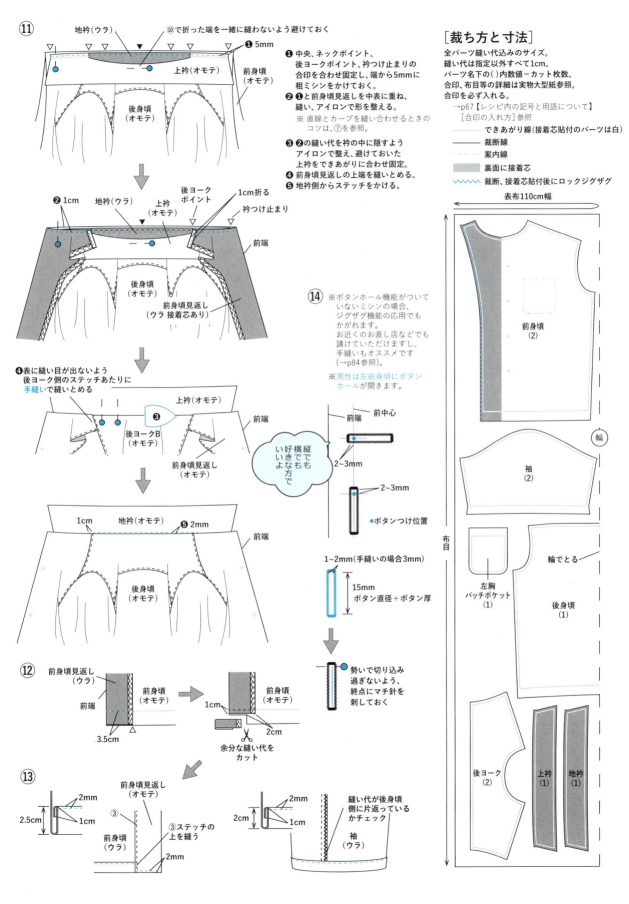

KOKADO'S SEWING BOOK
Recipe No. 20-20'

アロハ柄財布
Aloha Pattern Wallet

PHOTO ☞ p56

コカドポイント

「これとっといてどうするん？」っていう小さいハギレもミニ財布ならつくれる。これ何個つくったかなぁ。結構、友達とかにプレゼントもしてる。使ってくれてるの見たら嬉しいね

ボクまだもらってないなー

[材料]

※布は、試し縫い分も含め、少し多めのサイズになっています。
必要実寸は[裁ち方と寸法]をご参照ください。

表布(綿レーヨン)：横35cm×縦15cm
裏布(綿ブロード)：横35cm×縦15cm
内ポケット布(フェイクレザー)：横25cm×縦10cm
コイルファスナー：24mm幅×20cm
ミシン糸：#60　ミシン針：#9

※フェイクレザーが縫いにくい場合は、
テフロン(スムース)押さえに替えてみましょう。
特殊素材の縫製については、
p67【特殊素材の縫い方のコツ】に詳しい説明があります。
※ファスナーが縫いにくい場合は、ファスナー押さえ、
又は2mm押さえに替えてみましょう。

[縫い方]

① 内ポケットを外表に二つ折りし、
片側(底部)にステッチをかける。
② 裏布Bに①の内ポケットを粗ミシンで留める。
③ ファスナーの下準備をする。
④ 端布表布と端布裏布を中表に合わせ、ファスナーを挟み、
縫い合わせ、余分をカットする。端布両脇を仮留めしておく。
端布両脇を仮留めし、新しい下止をつける。
⑤ ②とファスナーを中表に合わせ、仮留めする。
⑥ ファスナーを挟むかたちで表布Aと裏布Aを中表に
合わせ、縫い、表に返してアイロンで整える。
⑦ ⑤⑥と同様に表布Bと裏布Bをファスナーに縫いつける。
⑧ 表布同士、裏布同士を中表に合わせ、返し口(8cm)
を残しぐるりと一周縫う。
※このときファスナーは開けておく。
⑨ 表に返し、返し口を縫い閉じ、形を整えてできあがり。

[裁ち方と寸法]

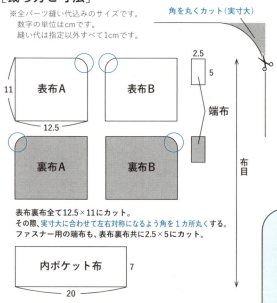

表布裏布全て12.5×11にカット。
その際、実寸大に合わせて左右対称になるよう角を1カ所丸くする。
ファスナー用の端布も、表布裏布共に2.5×5にカット。

①

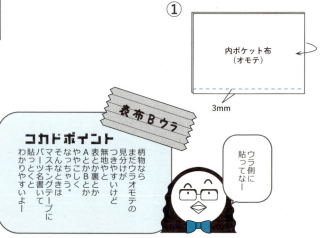

コカドポイント

柄物ならまだしも表Aやら裏Aやら表Bやら裏Bやら無地だとややこしくなっちゃうときもそんなときはマスキングテープにパーツ名書いて貼っつけちゃうとわかりやすいよ

ウラ側に貼ってなー

94

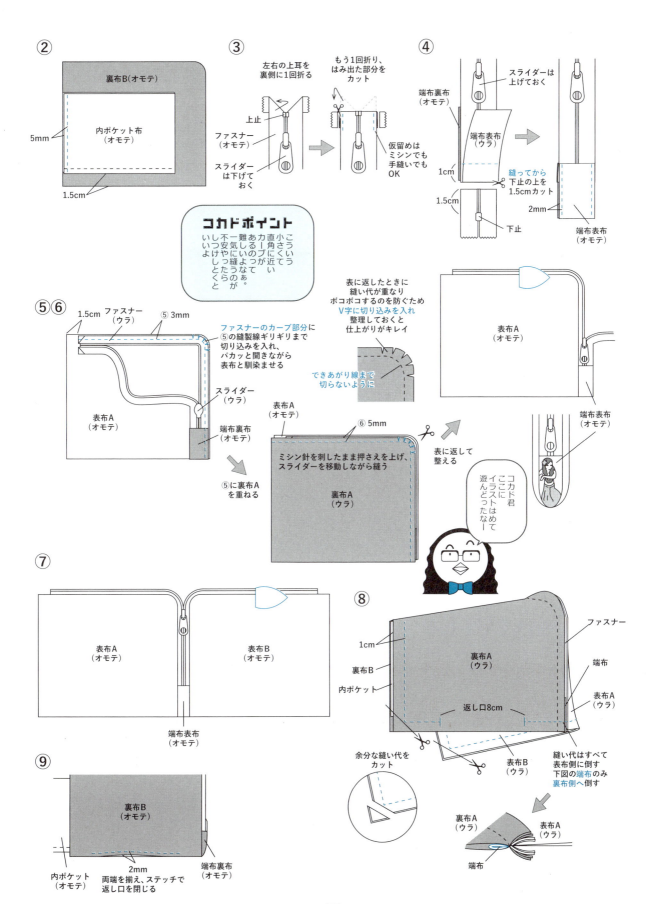

コカドとミシン

コカドケンタロウ 著

2024年12月10日　初版発行
2025年 2 月10日　3 版発行

〈Staff〉

文・スタイリング	コカドケンタロウ
撮影	古水 良（cheek one）
デザイン	金澤浩二
Special Thanks	藤本寿太郎（CODENAME）
つくりかた・型紙レイアウト	小沼有里
ヘアメイク	佐々木七海（cheek one）
つくりかた校閲	津田蘭子
校閲	鈴木初江
協力	株式会社ワタナベエンターテインメント
編集	吉本光里（ワニブックス）

発行者	髙橋明男
発行所	株式会社ワニブックス

〒150-8482
東京都渋谷区恵比寿4-4-9　えびす大黒ビル
ワニブックスHP　http://www.wani.co.jp/

お問い合わせはメールで受け付けております。
HPより「お問い合わせ」へお進みください。
※内容によりましてはお答えできない場合がございます。

印刷所	株式会社 美松堂
製本所	ナショナル製本

定価はカバーに表示してあります。
落丁・乱丁の場合は小社管理部宛にお送りください。送料は小社負担でお取り替えいたします。ただし、古書店等で購入したものに関してはお取り替えできません。
本書の一部、または全部を無断で複写・複製・転載・公衆送信することは法律で定められた範囲を除いて禁じられています。
本書で紹介した作品の商品化、型紙、つくりかた自体を販売することは禁止します。

©Kentaro Kokado2024　　ISBN978-4-8470-7509-4